돈의
시
나
리
오

계획이 있는 돈은
흔들리지 않는다

돈의
시나리오

김종봉 · 제갈현열 지음

달란북

돈의 시나리오를 갖게 된다면

계획대로 돈을 움직이는 삶
돈에서 자유로워지는 삶
당신은 이런 삶을 살 자격이 충분하다.
안타깝지만, 이런 말에 지금껏 당신은 속았다.

투자는 재능이다.
노력으로 따라잡을 수 없다.
마음 편히 전문가에게 돈을 맡겨라.
이것이 당신을 위한 진짜 조언이다.

당신은 영원한 돈을 가질 자격이 충분하다.
세상이 어떻게 변하든 항상 돈을 만드는 비법이 있다.
당신도 할 수 있는 일이다.
만약 누군가 이런 말을 했다면, 그 사람을 멀리해라.

평생 운에 기대하는 것이 차라리 낫다.
돈 버는 것이 쉽다면 전부 부자가 되었을 것이다.
부자는 늘 소수다. 결코, 당신이 될 수 없는 영역이다.
이것이야말로 돈의 진실이다.

'돈의 시나리오'는 이 모든 것을 뒤집을 것이다.
밑에서부터 반대로 다시 읽어보라.

부자가 되는 공부는 따로 있다

- 김종봉

기준금리가 0퍼센트대로 진입했고

이제는 실질금리 마이너스 시대라는 소리에

적금밖에 해본 적 없는 내가 한심해 보이고

이렇게 살다간 부자가 될 수 없다고 확신하는 어떤 이.

직장 동료가 받은 분양권에 프리미엄이 붙어

수억 원을 벌었다는 소리에 청약저축에 가입하고

모델하우스를 돌며 부동산 공부를 시작해야 하나 고민하던 중

수십 채의 집을 가진 사람이 운영하는 모임에 가입하고

갭 투자를 할까 고민하는 어떤 이.

소액으로 시작할 수 있는 P2P 투자가

안정적이라는 한 투자 세미나에서 만난 전문가의 말에

P2P에 가입하는 어떤 이.

유튜브에서 주식이나 비트코인으로

돈을 벌었다는 사람들의 이야기를 들으며

나도 무언가를 해야 한다고 다짐하고

경제 및 재테크와 관련된 수많은 영상을 보고

경제경영서 독서와 재테크 스터디를 하며

부의 추월차선에 올라타

남들보다 빠르게 뛰어가겠다고 다짐하는 어떤 이.

만약 이들의 모습에서 당신을 발견한다면

5년 뒤에 당신은 어떤 모습일까?

여전히 열심히 노력하고 있을까?

10년 후에는 부자가 되어 있을까?

부자가 아니더라도 부자가 될 수 있다는 확신을 갖고 있을까?

만약 '네'라고 답할 수 있다면

당신은 부자가 될 확률이 높은 사람이며,

지금까지 해온 방법대로 꾸준히 노력하면 되므로

이 책을 읽지 않아도 된다.
그러나 대부분은 공부를 해도
별 도움이 되지 않는다는 핑계를 대거나
돈이 벌리지 않는 현실에 부딪혀
고작 몇 개월 노력하다가 포기해버린다.

간혹 지속적으로 생각을 실행에 옮기더라도
첫 투자에 성공한 이는 돈을 더 벌지 못했다는 안타까움에
무리하다 큰돈을 잃고
첫 투자에 실패한 이는 전문가, 사회, 환경, 정부 탓을 하며
다시는 투자를 하지 않겠다고 다짐한다.

첫 책 『돈 공부는 처음이라』는
뜻하지 않게 과분한 사랑을 받게 되었다.
책이 출간된 후 알게 된 재미난 사실은
투자자들은 내 책을 좋아하고
전문가들은 내 책을 싫어한다는 것이었다.
수십억 원, 수백억 원을 굴리는 투자자문사 대표들은
책 속에 담긴 내 전략을 사용해도 괜찮은지 동의를 구했고
월 수천만 원씩 버는 개인 투자자들도

책을 읽고 많은 아이디어를 얻을 수 있었다고 말해주었지만
유독 금리, 환율, 유가 등 경제 지식을 가르치거나
헤지펀드, 보험, 장외주식 등의 금융 상품을 파는 사람들은
내 책을 싫어하고, 고객들에게 책 내용을 숨기고 싶어 했다.
그 이유가 무엇일까?

전문가 대부분은 자신이 노력할 테니
당신은 노력할 필요가 없다고 말한다.
많이 아는 것이 투자를 잘하는 비법이라고 설명한다.
하지만 나는 오히려 그 반대라고 말하고 싶다.
살면서 전문가의 말만 듣고
부자가 된 사람을 본 적이 있는가?
SNS, 블로그, 카페에서 돈다발 사진과 명품 사진을 올리는
사기꾼이 쓴 사례를 제외하고 진짜로 본 적이 있는가?

그런 부는 애초에 존재하지 않기에 아마 없을 것이다.
지식이 풍부해야 투자를 잘할 수 있다면
모든 돈은 경제학 석박사들에게 몰려야 하고,
명문 대학을 졸업한 사람만이 투자로 성공해야 한다.
하지만 실제로는 그렇지 않다.

지식이 없는 것보다는 있는 게 좋다지만
지식이 많다고 무조건 부자가 되는 것은 아니다.
부자를 만들어주는 지식은 따로 있다.
그 지식을 얻기 위해 해야 할 공부는
양이 많지도, 전문적이지도, 어렵지도 않다.

이 책은 부자가 되기 위해 해야 할 공부를 담았다.
첫 책『돈 공부는 처음이라』는
사람들이 돈에 관심을 가졌으면 하는 마음으로 쓴 책이다.
그 이후 이메일, SNS 메시지, 내가 운영하는 카페를 통해
첫 책을 읽은 정말 많은 독자가
각자의 방식으로 공부를 이어나가고 있는 걸 알게 되었다.
동시에 지난 2년간 1000여 명에게 받은
재무 설문지를 바탕으로 많은 이가 투자하면서 겪는
어려움과 궁금증도 알게 되었다.
그래서 이 책은 그들이 느낀 어려움을 해소해주려 한다.

돈을 공부해야 하는 이유는 알게 되었지만
무엇을 얼마나 공부해야 하는지 모르는 이를 위한 책이다.
끝으로 책을 읽기 전에 세 가지를 기억하길 바란다.

하나, 이 책 한 권이 지금 당장 여러분을
투자의 귀재나 부자로 만들어주지는 못한다.
그러나 석 달에 한 번, 1년에 네 번을 다시 본다면
그동안 보지 못했던 것이 보이게 될 것이다.

둘, 이 책은 전문가를 만드는 책이 아니라
투자자를 만드는 책이다.
전문가에게는 다양한 지식이 필요하고
투자자에게는 통찰력이 필요하다.
책에서는 투자자로 성장하고 통찰력을 얻기 위해
필요한 공부가 무엇인지 알려준다.
만약, 경제와 금융 지식을 바탕으로 일을 할 거라면
이 책보다는 지식을 전달하는 기본 서적을 읽는 게 좋다.

셋, 책을 통해 얻은 방법은 반드시 실행해야 한다.
아무리 좋은 내용도 실천하지 않으면 아무 의미가 없다.
백 번 듣는 것보다는 한 번 보는 것이
한 번 보는 것보다는 한 번 행하는 것이
훨씬 중요하다는 걸 잊지 않았으면 좋겠다.
지금부터의 이야기는 실천해야만 빛을 발할 것이다.

2장 영원한 돈을 만들어줄 이름, 지수

: 시나리오를 만들어주는 단 하나의 만능키

3장 지수를 읽으면 돈의 흐름이 보인다

: 지수가 안내하는 다양한 돈의 세계

4장 당신의 돈에 계획을 더하라

: 난생처음 써보는 돈의 시나리오

5장 이 시나리오에 가슴 뛰지 않을 리 없다

: JB가 쓴 돈의 시나리오 공개

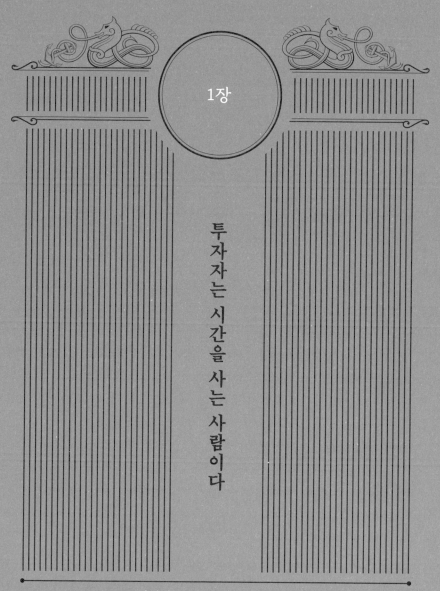

1장

투자자는 시간을 사는 사람이다

영원한 돈을 만들기 위한 준비

돈의 시나리오는
당신을 투자자의 삶으로
이끌어줄 것이다.

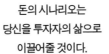

성공한 투자자에게는
자신만의 계기가 있다

성공한 투자자는 좋은 상품을 알아보는 안목과

좋은 시기를 가늠하는 통찰력을 가지고 있다.

나쁜 상품에는 아무리 공을 들여도 꾸준한 수익을 올릴 수 없고

좋은 상품이라도 시기를 잘못 짚으면 수익을 올리지 못한다.

그래서 투자는 좋은 상품을

최적의 타이밍에 사고팔 때 비로소 완성된다.

도박이 투자가 아닌 이유는 도박이라는 상품이 문제이기 때문이고

너도나도 주식으로 돈을 벌 때

당신이 돈을 벌지 못하는 것은 시기가 잘못됐기 때문이다.

이처럼 투자는 상품과 시기가 절묘한 균형을 이룰 때 성공한다.

이 공식을 삶에 적용해보자.

누구나 더 나은 삶을 꿈꾼다.

원하는 삶과 현실의 간극이 클수록 더 간절하게 원한다.

만약 당신이 이 간극으로 괴로워하고 있다면

그리고 이를 잘 극복하고 싶다면

바로 지금이 투자자가 되기에 적기다.

스스로 더 나아가고 싶은 욕망이 생겼기 때문이다.

나는 그 욕망을 투자자로 성장하기 위해 필요한 '계기'라고 부른다.

그간 내가 만난, 스스로 부를 이룬 투자자 중에서

계기가 없었던 사람은 단 한 명도 없었다.

아쉽지만 계기는 다른 사람이 대신 만들어줄 수 없다.

사람마다 환경이 다르기에, 사람마다 성향이 다르기에

누군가는 20대에, 누군가는 30대에, 누군가는 40대에 올 수 있으며

때로는 평생 오지 않을 수도 있다.

다행히 지금 당신 앞에 계기가 왔다.
계기가 없었다면 이 책이 눈에 들어오지도 않았을 테니까.

이제 최적의 시기에 선택한
『돈의 시나리오』라는 상품이 좋은 상품인지 판단해야 한다.
만약 이 장을 읽고 당신이 원하는 이야기가 아니라면
과감히 책을 덮고 원래 있던 자리에 가져다 놓아도 좋다.

하지만 이 장을 다 읽었을 때
당신의 가슴에 전에 없던 두근거림이 생긴다면
그동안의 고민을 해결해줄 실마리가 보인다면
그래서 당장 무언가를 시작하고 싶은 마음에
어린아이처럼 발을 동동 구르고 있다면
이 책은 당신에게 좋은 상품이 될 수 있을 것이다.

영원한 돈을 만드는 힘,
시나리오

한 분야에서 오랜 기간 일을 하다 보면
감각이라는 것이 생겨 '척 보면 척'이 된다.
지난 15년간 나는 돈을 공부하고 가르쳤으며
전업 투자자이자 자산 관리사였고 때로는 강사이자 상담가였다.

그래서 내게 고민 상담을 요청하는 경우가 꽤 있다.
최근 내게 상담을 받으러 오는 사람들은
직장인, 자영업자, 학생, 주부 등
다양한 분야에서 일하고 있지만 고민의 이유는 모두 같았다.
바로 돈이었다.

부동산 가격이 몇 년간 급등하고, 최근 주식 시장이 폭등하면서
돈이 세상의 중심이 되어 가는 것처럼 느껴진다.
세상 사람이 모두 돈을 번 것처럼 느껴지고
SNS나 유튜브를 보면 나만 뒤처진 것 같다.
술자리에서도, 모임에서도 그 어느 때보다 돈 이야기가 자주 오간다.

최근 들어 당신의 기분을 상하게 만드는 이야기가 늘었을 것이다.
돈 벌기가 이렇게 쉬운 줄 몰랐다는 친구의 자랑
혹은 인터넷에 떠돌아다니는 수익 창출과 관련된 글과 영상 때문에.
돈 벌기 쉽다고 말하는 친구는
대부분 얼마 전부터 주식을 시작한 사람일 것이다.
코로나 사태 이후 폭락했던 주가는 가파르게 상승했고
그 시기에 주식 시장에 올라탄 사람은 대부분 많은 돈을 벌었다.
게다가 제약주의 황금기가 맞물리면서
이 시기에 주식을 시작한 사람은 자고 일어나면
어느새 돈이 불어나 있는 기적을 경험했을 것이다.

기적을 경험했기에 그들은 자랑을 한다.
돈 벌기가 이렇게 쉬운 줄 몰랐다고
일만 하며 성실히 사는 것은 바보라며 말이다.

주식 예찬론자가 되어, 주식 전도사가 되어
지금 주식을 하지 않는 이를 비웃고 있을 것이다.

이런 이야기들을 듣고 있노라면
주식 투자를 하지 않는 당신은 불안해진다.
노동으로 버는 돈의 크기가
저들이 버는 돈에 비해 한없이 작아 억울해진다.
나는 이런 생각을 하는 사람들을 매일같이 마주한다.
"대표님, 요즘 너도나도 주식을 한다는데,
저도 주식을 해야 할까요? 주식이 계속 오르고
코스피가 4000까지도 간다는데 지금이라도 들어가면 돈을 벌까요?"

너도 어서 투자하라고, 너도 어서 주식을 하라고
힘들게 노력해서 돈을 벌면 바보가 되는 세상이라고
너도 부의 추월차선에 빨리 올라타야 한다고
세상은 그들을 투자시장으로 내몰고 있는 것이다.

불안을 느끼며 투자를 해야 하는지
묻는 사람들에게 나는 늘 이렇게 대답한다.
"저는 모든 사람이 투자자가 되어야 한다고 생각합니다.

언젠간 당신도 투자자가 되어야 합니다.

하지만 지금은 아닙니다.

투자자가 되기에 당신은 아무런 준비가 되지 않았습니다.

투자는 오직 자신에 대한 믿음을 기반으로 시작해야 합니다.

투자 시기는 세상이 정해주는 것이 아니라

코스피 수치가 정해주는 것이 아니라

자신에게 확신할 수 있는 근거가 얼마나 있는가로

정해지는 것이기 때문입니다."

주식에 투여되는 돈이 병사이고, 주식 시장이 전쟁터라면

당신의 돈과 내 돈 중 어느 쪽이 이길까?

내 돈은 지난 15년간 산전수전 공중전까지 겪으며

좋은 무기를 들고 있는 병사들이고 규모도 큰 편이다.

당신의 돈은 전쟁에 처음 참여하였고

자신이 사용할 무기 하나 없는 상황이며 규모도 작다.

당연히 내 돈이 이긴다.

이것이 상식적인 생각이다.

그럼 당신이 반드시 이 전쟁터에 참여하기 위해서는

무엇을 해야 할까?

전쟁에 참여하기 전에
당신의 병사에게 쥐여줄 무기를 선택해야 하고,
손에 익을 때까지 작은 전투를 하며 경험을 쌓아야 한다.
훈련을 통해 실전에 대비하는 것이다.

하지만 앞뒤 모르고 전쟁에 참여했던 사람들이
모두 승리하고 있다는 소리를 들으면
우리는 욕심에 눈이 멀어 섣불리 이성의 끈을 놓아버린다.
이렇게 시작된 투자는 얼마 가지 못해 대부분 망한다.

내가 즐겨 쓰는 말 중에 이런 말이 있다.
'모르고 얻는 수익은 전부 독이다.'
많은 상담을 하며 만난 사람 중에
크게 돈을 잃었던 이들의 공통점은 단 한 가지였다.
잘 모르는 채로 돈을 벌었고, 그 기억으로 투자를 한다는 점이다.
모르고 번 돈이 많으면 많을수록 더 큰 손해가 반드시 찾아왔다.

최근에 주식으로 돈을 번 사람들을
부정하는 것도, 질투하는 것도 아니다.
지금 당신에게 투자 또는 주식을 권하는 주변인 중 대부분은

자기가 한 투자에 확신이 없거나

당신이 주식 투자를 시작하면 이득을 얻는 사람일 것이다.

그렇다면 주식 또는 투자를 하지 말아야 하는가?

아니다, 투자는 반드시 해야 한다.

그러나 투자자가 될 준비를 먼저 하고

시작해도 절대 늦지 않는다.

시장은 늘 열려 있다는 걸 기억하자.

당신의 자녀, 당신 자녀의 자녀가 자라서 투자를 시작할 때도

시장은 여전히 열려 있다.

투자자가 되려면 구체적으로 어떤 준비를 해야 할까?

얼마나 준비해야 투자를 시작할 수 있을까?

나는 사람들에게 이렇게 말한다.

"지금 주식을 시작한다고 가정해보겠습니다.

만약 코스피가 두 배가 되면, 분명 돈을 벌 것입니다.

그런데 다시 폭락한다면 어떻게 하실 건가요?

두 배가 되면 그다음엔 어떻게 하실 건가요?

그때 바로 주식을 멈출 건가요?

앞으로 코스피가 두 배가 될지, 폭락할지 누가 알겠습니까?

그건 아무도 모르고, 당연히 저도 모릅니다.

그 어떠한 전설적인 투자자도 알지 못합니다.

지금 코스피가 두 배까지 간다고 말하는 사람들은

15년 전에도 똑같이 이야기했습니다.

유동성이 풍부해지고,

언젠가 퇴직연금에 쌓인 돈도 주식 시장으로 흘러들어 올 거라고,

그러면 우리도 미국처럼 증시가 계속 폭등한다고,

15년 전에 제가 처음 투자 공부를 할 때도 배운 내용입니다.

당시에 증권사에서 계좌를 개설하려면 대기표를 뽑아

60명씩 기다려야 할 정도로 증시가 폭등하고 있었습니다.

언론에서는 수많은 전문가가

그 어느 때보다 유동성이 풍부하다고 떠들었습니다.

당시 30대 중반이었던 분들은

그 말을 듣고 주식을 시작하여 지금 50대가 되었습니다.

물론 수익을 보신 분들도 있겠지만,

100명 중 95명 이상은 손실을 보고 시장에서 퇴출당하였습니다.

손실 때문에 가정이 파탄 난 사례도 무수히 많습니다.

지금도 상황이 비슷합니다.

2017년도에 남북관계가 좋아지고 통일이 되면
코스피 3000도 가능하니 주식을 해야 한다고
부추긴 사람들이 있었습니다.
그런데 2018년부터 지수는 폭락했고
코로나 위기까지 오며 많은 사람이 좌절했습니다.
주식을 권유하거나 주식 투자를 했던 사람들을
탓하려는 게 아닙니다.

중요한 건 주식이 올라가든 내려가든
그것은 우리의 영역이 아니라는 사실입니다.
모든 걸 다 예측한다면 신입니다.
누군가는 예측을 잘해서 주식 부자가 된 것 아니냐고
반문할 수도 있습니다.
만약 그렇다면 주식을 예측하는 사람이
대한민국에서 주식으로 가장 많은 부를 이뤄야 합니다.

그러나 우리나라 주식 투자자 중에서
재산 순위 상위에 이름이 올라간 사례가 없습니다.
결국 오르내림을 예측하여 주식을 한다거나
특정 시기에 주식을 하면

부자가 된다는 말은 아무런 의미가 없습니다.

그럼 무엇이 의미 있는 일일까요?

할 수 있는 일에 집중하는 것입니다.

앞으로 경제가 어떻게 흘러가든

어떤 상황에서도 돈을 벌 수 있는 자기만의 방법을 찾아야 합니다.

제가 전업 투자를 할 수 있는 이유는 바로 이것입니다.

주식이 어떻게 흘러가든, 부동산이 어떻게 흘러가든

저는 모든 상황에 각기 다른 방식으로 돈을 벌 준비가 되어있습니다.

당신이 진짜 원하는 게 무엇인가요?

동전 던지기 게임에서 앞뒷면을 맞히듯

앞으로 주식이 '오를 것이다' 혹은 '내릴 것이다'에

베팅하여 일시적으로 돈을 버는 건가요?

아니면 동전의 앞면이 나오든 뒷면이 나오든 상관없이

꾸준히 돈을 버는 건가요?"

여기까지 이야기하면 그제야 사람들이 진짜 질문을 한다.

"대표님처럼 되려면 어떻게 해야 하나요?"

시기가 아닌 방법을 묻는 바로 이 질문이

당신에게 필요한 첫 번째 질문이다.

사람은 늘 돈을 원한다.

우리는 일시적으로 수익이 나는 돈과

영원히 수익이 나는 돈을 구분해야 한다.

일시적인 돈은 시대가 만들어준다.

운이 좋아서 비트코인을 초기에 샀던 사람

타이밍이 좋아서 좋은 시기에 주식을 샀던 사람

생각지도 못한 호재로 집값이 오른 사람

그들은 시대의 흐름에 따라 돈을 벌었지만

그 돈은 일시적인 수익만을 가져다줄 뿐이다.

시간이 흘러 비트코인이 폭락하거나, 주식이 폭락장을 맞이하거나

집값이 더 오르지 않으면 돈을 벌지 못하는 것이다.

그 돈은 그들의 능력으로 시작된 결과가 아니기 때문이다.

물론, 우연히 돈을 번 경험을 발판으로

공부를 이어간다면 꾸준한 수익으로 이어질 수 있다.

더 많은 돈을 벌기 위해 수익이 나는 원인을 분석하고

근거를 탐구하며 계획을 수립하면

어느 순간 돈을 스스로 만들 수 있는 능력이 생기기 때문이다.

스스로 세운 계획으로 버는 돈은 영원한 돈이다.

영원한 돈은 시대가 아닌 스스로가 만드는 돈이다.

영원한 돈을 가진 사람은
시대가 어떻게 변하든, 코스피가 오르든 떨어지든
불경기가 오든 말든, 미·중 무역 전쟁이 터지든 말든
꾸준히 돈을 번다.
그들이 모든 미래를 예측하지는 못하지만
미리 자신만의 계획을 준비하기 때문이다.
그렇게 꾸준히 버는 영원한 돈을 우리는 '부'라고 한다.

누구나 영원한 돈을 원한다.
누구나 부를 원한다.
부는 변화하는 환경과 상황에 따라 돈을 벌 수 있는
자신만의 계획이 있느냐 없느냐로 결정된다.
나는 그 계획을 '돈의 시나리오'라고 부른다.
그리고 시나리오를 스스로 수립하고 수정하며 성장하는 사람,
돈의 시나리오를 가지고 있는 사람을 '투자자'라고 부른다.

지금부터의 이야기는 돈의 시나리오에 대한 모든 것이다.
당신이 원하는 부는

당신이 원하는 영원한 돈의 실체는
지나가면 다시 오지 않을 기회 같은 것이 아니다.

지금 당장 아무것도 하지 못하고 있더라도
전혀 조급해할 이유가 없다.
앞으로의 이야기에 귀 기울이고 스스로 준비한다면
모든 시기가 당신에게 돈을 벌 기회가 된다.

투자자는
돈을 넘어 시간을 소유한다

지금부터 당신은 투자자의 길을 걸어가야 하기에

투자자에 대한 구체적인 이야기를 하고자 한다.

돈의 시나리오는 투자를 위해 필요하다.

그런데 대부분의 사람은 투자를 온전히 이해하지 못하고 있다.

대개 투자를 부동산, 주식, 창업, 코인, 선물, 펀드 등에

돈을 투여하여 수익을 올릴 수 있는 행위이고,

그런 행위를 전문적으로 하는 사람을 투자자라고 생각할 것이다.

나는 모든 사람이 투자자가 되어야 한다고 생각한다.

하지만 모든 사람이 돈을 벌어야 한다는
정도의 의미로 말한 것은 아니다.
조금 더 많은 의미가 포함되어 있는데,
이에 관해 이야기해보자.

돈을 공부하고 가르치면서 가장 많이 들었던 질문 중 하나는
'당신에게 돈은 무엇인가요?'라는 질문이었다.
나에게 돈은 때로는 밥이 되고, 때로는 옷이 되며, 때로는 집이 되고
때로는 사랑이 되고, 때로는 꿈이 된다.
그런 이유로 나는 돈이 곧 삶이라고 말한다.

돈을 벌어서 삶이 바뀌기도 하고, 돈을 잃어서 삶이 바뀌기도 한다.
삶이 바뀌어서 돈을 벌기도 하고, 삶이 바뀌어서 돈을 잃기도 한다.
무엇이 먼저인지는 중요하지 않다.
돈과 삶이 지독히 얽여 있다는 것이 중요하다.

연봉이 3000만 원인 삶과 10억 원인 삶이 다를까?
형태는 다를 수 있지만 구조는 같다.
삶의 구조를 이루는 핵심은 시간이기 때문이다.

1년에 3000만 원을 버는 사람에게도,
1년에 10억 원을 버는 사람에게도 하루는 24시간이다.

시간당 버는 돈에 따라 삶의 형태가 달라지고
시간을 보내는 방법에 따라 삶의 의미가 달라진다.
돈은 형태를 바꾸지만, 시간은 의미를 바꾼다.
시간이 삶에 의미를 부여한다면
시간을 잘 써야만 의미 있는 삶을 살 수 있다.

시간을 잘 쓰려면 타인의 삶이나, 변화하는 환경에
자신을 맞추려고 시간을 낭비하는 것이 아니라
자신이 원하는 것을 이루기 위해 흔들리지 않고 시간을 쏟아야 한다.
자신의 시간을 온전히 자신에게 쓰는 것이다.

소설가 베르나르 베르베르는 방한 당시 뉴스 인터뷰에서
"가장 불행한 삶은 어떠한 삶입니까?"라는 질문에 이렇게 답했다.
"오직 남을 위해서만 시간을 쓰는 삶입니다.
친구를 위해, 가족을 위해, 연인을 위해 모든 시간을 써야 하는 삶.
그래서 시간의 주인이 자신이 아닌 삶.
그런 삶이 가장 불행하다고 생각합니다."

자신에게 온전히 시간을 쏟는 사람은 불행하지 않다.

그 사람의 시간에 타인의 시선, 타인의 감정이

들어설 틈이 없기 때문이다.

아무리 많은 돈을 벌어도 자신을 위해 시간을 쓰지 않는다면

진정한 행복이 찾아오기 어렵다.

그리고 투자자에게 이 사실은 아주 중요하다.

투자는 돈이 아닌 시간을 쏟는 행위이며

투자자는 자신을 위해 시간을 쏟는 사람이다.

나는 당신이 투자자가 되어야 한다고 주장할 참이지만

많은 돈을 버는 사람이 되길 바라는 마음보다는

스스로 만족하는 의미 있는 삶을 살아갔으면 하는

마음이 더 크다.

당신이 흔들리지 않고 자신의 길을 걸어가는 데

시간과 정성을 쓰는 투자자가 되길 바란다.

우리는 지금 투자자의 삶을 살고 있는가?

지난 15년간 유행했던 사회적 현상을 가지고 이야기해보자.

시대 흐름에 따라 유행이 생기고, 사회적 현상이 만들어진다.

우리나라는 산업이 빠르게 성장하는 고성장 시대를 지나,

좋은 대학에 나와도 취업이 안 되는 저성장 시대에 이르렀다.
고성장 시대에는 자기계발 열풍이 불었는데,
저성장 시대가 오자 좀 쉬어 가자며 힐링(Healing)이 유행했다.
텔레비전에서는 〈힐링캠프〉라는 프로그램이 인기를 끌기도 했다.

시간이 지나 경기는 더욱 어려워졌고, 금리가 급속히 하락하자
저축으로 부자가 되는 시기는 오래전에 지났고
힘들게 아껴 쓰며 저축해도 물가 상승률도 되지 않는다며
현재의 행복만을 추구하며 번 돈을 모두 쓰는
욜로(YOLO)가 유행했다.
욜로가 유행하던 시기에는 문화생활이나 여행 같은
소비와 관련된 트렌드가 각광받았으나 곧 불황의 시대가 왔다.
욜로도 돈이 있어야 하는 법인데 사람들이 가진 돈이 줄었고
욜로하는 경향도 자연스럽게 위축되었다.

그래서 큰 행복보다는 지금 당장 소소한 행복을 추구하는
소확행(소소하지만 확실한 행복)이란 단어가 등장했고
작은 사치를 할 수 있는 아이템이 각광받았다.
다른 프랜차이즈 커피보다 비싼 스타벅스가 이 시기에
가장 큰 성장을 했던 이유가 여기에 있다.

최근에는 경제 냉전, 팬데믹 등으로
살기가 더 팍팍해졌고 사람들은
대리만족을 느낄 수 있는 언박싱 콘텐츠나
힘든 경제 상황을 극복해보고자 경제 관련 콘텐츠를
더 적극적으로 소비하기 시작했다.

나라가 망하지만 않는다면 다시 이런 사이클을 반복할 것이다.
취업 걱정 없는 시기가 올 것이고 다시 자기계발 붐이 일 것이며
힐링, 욜로, 소확행의 다른 이름이 다시 찾아올 것이다.
이 과정을 거치며 우리나라도 다른 선진국처럼
개인주의 성향이 보편화될 것이다.
이는 돈의 흐름에 따라 움직인 결괏값이다.

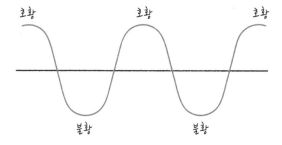

저성장, 저금리, 불황의 시대는

모두 돈을 기준으로 만들어진 단어이기 때문이다.

우리는 큰 불만 없이 환경에 적응하며 유행을 따른다.

'남들도 다 이렇게 하니까.'라는 생각 때문에

자신이 원하는 삶, 의미 있는 삶이 무엇인지 잊고 살아가게 된다.

그런데 환경의 영향을 받지 않고

자신에게 초점을 맞춰 꾸준히 성장하는 사람들이 존재한다.

바로 3퍼센트의 사람들이다.

그들은 다른 사람이 쉰다고 따라 쉬지 않고,

본인에게 휴식이 필요할 때 쉰다.

다른 사람이 여행한다고 덩달아 떠나지 않고,

자신이 원하는 시기에 여행한다.

다른 사람이 "일은 이쯤 하면 괜찮아."라고 말할 때,

자신이 괜찮을 때까지 일했으며

다른 사람이 투자하자고 서두를 때

자신의 판단이 옳다고 느낄 때까지 움직이지 않았다.

그들은 삶의 모든 기준을 자신에게 두었다.

자신의 상황에 맞게 시간을 썼다.

물론 그들의 행동이 항상 좋은 결과를 가져 오지는 않는다.

나 역시 수없이 많은 실패와 후회를 거듭했다.

하지만 남의 말에, 유행에 휘둘리지 않았으므로

절대 남 탓, 환경 탓을 하지 않는다.

그들은 자신의 행동에 대한 책임은 온전히 자신에게 있다고 말한다.

그러므로 잘못된 판단에 대한 인정과 자기반성의 시간을 가지며

그것을 계기로 더욱 성장한다.

자신의 시간을 온전히 자신을 위해 쓰며, 의미 있는 삶을 완성한다.

이렇게 사는 사람들을 나는 전업 투자자라고 부른다.

세상에 휘둘리지 않고 온전히 나를 위해 시간을 보내는

모든 이들이 내겐 전업 투자자인 것이다.

요약하자면, 투자는 시간과 정성을 쓰는 행위이며

투자자는 자신을 위해 시간과 정성을 쓸 수 있는 사람이다.

돈의 시나리오는 투자자가 시간과 정성을 써서

만들어가는 자신만의 돈을 버는 계획이다.

그리고 지금부터 말하는 돈의 시나리오는

당신을 투자자의 삶으로 이끌어줄 것이다.

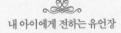

직업의 귀천은 없지만
시간의 귀천은 있단다

"개같이 벌어서 정승같이 쓴다."라는 옛말이 있어.

대부분 이 말을 듣고 힘들게 돈을 벌어서 그 돈으로

명품을 사거나, 좋은 곳으로 여행을 가거나

좋은 곳에서 휴식을 취하는 경우가 많지.

하지만 아빠는 이 말이 조금 다르게 보인단다.

직업에는 귀천이 없어.

그래서 불법만 아니라면 네가 어떤 직업을 갖든

어떻게 돈을 벌든 상관이 없단다.

다만, 시간을 쓰는 것에는 귀천이 있어.

자기가 번 돈으로 무엇을 하며
시간을 보내는지가 중요하다는 얘기지.

오래전에 대학에 들어가지 못하고
제조업 공장에서 3교대 일을 하던 친구와 상담을 했어.
그 친구는 일찍 취업하여 또래 친구들보다는 많은 월급을 받기에
좋은 옷을 입고, 맛있는 음식을 먹으며,
종종 멋진 장소에 방문하는
즐기는 삶을 살고 있다고 자신을 소개했지.
일이 힘들어서 주식 투자를 배워보고 싶다고 찾아왔지만
당시 나는 주식 교육을 하지 않았기 때문에
대신 좋은 아이디어를 주며 창업을 해보라고 권유했어.

내가 준 창업 아이템은 건물 청소였어.
건물 청소는 시간당 시급이 높은 편이며
아침 청소와 저녁 청소를 나눠서 진행하면 소득이 배가 돼.
주로 나이 많은 분들이 이 일을 하기에
젊은 친구가 열심히 일만 한다면
자신만의 영역을 꾸릴 수 있다고 생각했지.

높은 소득이 보장되므로 성실함만 있다면 성공할 수 있고
자신의 미래에 대해 생각할 수 있는 시간이 많아서 추천했어.

그 뒤 그 친구는 차량을 사서 네 곳의 건물 청소를 하기 시작했고
낮에는 자신이 할 수 있는 일이 무엇일지 고민하기 시작했어.
그 후 몇 년이 지나고 그 친구는 어떻게 되었을까?

현재는 한 청소 업체의 대표이자 청소부이며
건물 임대 관리를 하는 프리랜서 부동산 중개인으로 활동해.
최근에는 코로나 방역에 필요한
손 소독제, 엘리베이터 버튼 스티커, 열감지기 기계 등을
임대하거나 판매까지 하며 연 소득은 이미 1억 원이 넘었단다.

지금 당장 하던 일을 그만두고 창업을 하라는 이야기는 절대 아니야.
지금 네가 어떤 삶을 살고 있더라도
어떤 직업을 가지고 있더라도 그 속에서
자신만의 시간과 정성을 투자할 일을 준비하라는 충고야.
돈은 누구나 어떻게든 벌 수 있어.

하지만 자신의 시간을 자신의 삶을 위해

어떻게 쓸지 고민하는 것은

아무나 할 수 없고, 아무렇게나 해서도 안 된단다.

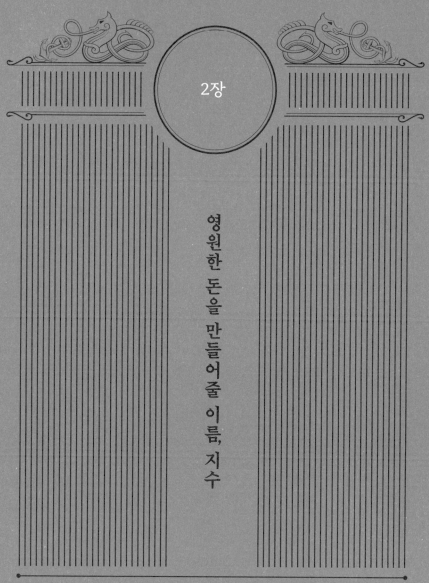

2장

영원한 돈을 만들어줄 이름, 지수

시나리오를 만들어주는 단 하나의 만능키

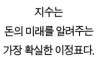

지수는
돈의 미래를 알려주는
가장 확실한 이정표다.

나는 왜 수많은 재료 중
지수를 골랐나

돈의 시나리오는

학습과 경험이 합쳐졌을 때 완성된다.

우선, 무엇을 학습해야 할까?

투자자는 많은 것을 다양하게 학습할 필요가 전혀 없다.

살 것인가, 팔 것인가에 대한 답변을 내려줄

재료를 찾아 공부하는 것으로 족하다.

그 재료에 자신의 시간을 쏟아부었을 때

자신만의 투자 원칙과 기준,

즉 돈의 시나리오가 생기기 때문이다.

첫 책을 쓰고 참 많은 인연을 만나 상담을 하였다.

상담을 요청한 이들은 대부분 너무 다양한 재료로 공부하고

많은 양의 지식을 습득하고 있었다.

그런데도 그들은 늘 이렇게 질문하곤 했다.

"대표님 무엇부터 해야 할지 모르겠어요."

그들의 질문에 나는 이렇게 답하고 싶다.

투자를 잘하려면 많이 알아야 한다는 말은 잘못됐다.

실제로 내 주변의 부를 이룬 투자자들은 많은 것을 아는

지식인이 아니라 자신만의 한 가지 재료를 통해

많은 경험을 쌓은 사람이 대부분이다.

재료의 종류는 서로 달랐다.

모든 투자자가 같은 재료로 부자가 되는 것은 아니다.

어떤 투자자에게는 인맥 네트워크가

어떤 투자자에게는 테마와 정치 분석력이

어떤 투자자에게는 재무제표가

어떤 투자자에게는 차트에 나오는 패턴이

심지어 어떤 투자자에게는 인문학이 재료가 되는 일도 있었다.

당신도 한 가지 재료만 있으면 된다.

내가 당신에게 제안하는 한 가지 재료는 바로 지수다.

나는 많은 재료 중에서 지수를 통해 수익을 얻었고
당신이 투자자로 성장하면서 지수를 공부한다면
원하는 부에 도달할 수 있다고 확신하기 때문이다.

많은 사람이 지수를 주식 투자를 하는
사람들의 전유물로 여기며,
주식을 하지 않으면 지수를 볼 필요가 없다고 생각한다.
심지어 주식 투자자조차 지수에 큰 관심을 두지 않는다.
그러나 주식 투자를 통해 큰 부를 이룬 사람이
지수를 무시하는 경우는 거의 본 적이 없다.

왜 사람들은 지수를 무시하는 것일까?
너무 쉽게 접할 수 있어 익숙하기 때문이다.
"달걀을 한 바구니에 담지 마라."
이 말은 초보 투자자에게도 익숙한 투자의 진리지만,
대부분은 달걀을 한 바구니에 담는
실수를 저지르는 것과 같다.
익숙한 것과 아는 것은 다르기 때문이다.

투자 격언이 삶의 격언으로까지 확장된 말 중

지수를 재료로 선택하게 만든 말이 있다.

"나무를 보지 말고 숲을 봐라."

지난 15년간 돈과 투자를 공부하며

지수보다 좋은 숲을 찾을 수 없었다.

지수는 내게 투자 전체를 알려주는 가장 좋은 선생님이었다.

그럼 지금부터 왜 지수가 숲인지 이야기해보자.

지금부터는 생소한 용어, 수학적 수치, 낯선 내용을 다룰 수도 있다.

그러나 걱정하지 말자.

모든 투자는 상식적으로 생각하면 쉽게 이해할 수 있고

나는 전문가가 아닌 투자자이기 때문에 복잡하고 어려운 용어보다는 쉽게 이해할 수 있는 수준으로 설명할 예정이기 때문이다.

지수의 종류는 매우 많다.
그 많은 것을 처음부터 다 알아갈 필요는 없다.
가장 중요하고, 우리가 잘 알 수 있고,
쉽게 적용할 수 있는 지수부터 공부하고
이 공부가 끝나면 천천히 다른 지수를 알아가도 좋다.

대한민국 주식 시장에는 크게 두 가지 시장이 있다.
코스피 시장과 코스닥 시장이다.
(코넥스 시장은 3억 원 이상 개인 투자자만 참여할 수 있으므로
여기서는 논외로 하겠다.)

코스피 시장은 우리가 대부분 알고 있는 대한민국 대표 기업들
(삼성전자, LG화학, SK하이닉스, 현대차, NAVER 등)이
포진된 시장을 뜻한다.
코스닥 시장은 우리가 잘 모르는 기업 또는
벤처기업이 포진되어 있다.
코스피는 1980년 1월 대한민국 코스피 시장에 상장되어 있는
기업들의 가치를 합산하여 100포인트라고 정했다.

이후 2007년에 코스피가 약 2000포인트까지 상승했으니
이곳에 상장된 기업의 가치가 20배 성장했다고 보면 된다.
그리고 '코스피200'이라는 지수는
1990년 1월에 코스피 시장에 있는 기업 중
대표 기업 200개의 가치를 합산하여 100포인트라고 정한 후
분리한 시장이다.

우리나라는 미국 주식 시장을 표방하므로 시장 구조가 비슷하다.
우리나라 코스피는 미국의 다우 지수
우리나라 코스닥 지수는 미국의 나스닥 지수
우리나라 코스피200은 미국의 S&P500 지수라고 보면 된다.

이 중에서 당신이 첫 번째로 공부해야 하는 지수는
바로 코스피다.
대표적인 금융 상품인 증권사의 펀드와 보험사의 변액보험 상품도
코스피를 기준으로 활용하여 만든 상품이다.
지수를 공부하면 같은 금융 상품도 수익률을 다르게 만들 수 있다.
또한 금, 원유, 해외 지수 등 금융 상품을 이해하고 투자할 수 있으니
돈 공부의 시작점으로 이보다 좋은 것이 없다.

이유 1 - 지수는 경제의 거울이다

지수는 어떠한 특징이 있기에 돈 공부를 할 때
전체적인 흐름을 파악할 수 있는 숲 역할을 하는 것일까?
지수는 크게 세 가지 특징이 있다.

첫 번째, 지수는 실질적인 경기를 선행해서 대변한다.
각 나라의 대표 지수는
그 나라 대표 기업들의 총합으로 구성되어 있으므로
경제 규모와 경제 상황을 알려주는 가장 확실한 지표다.
예를 들어 기업이 좋은 제품과 서비스를 만들어 수출하고
내수를 통해 이익을 창출하면

기업의 가치는 높아지고 주가는 올라간다.

이런 기업이 많아지면 지수는 자연스럽게 올라간다.

반대로 기업의 실적이 악화되면

기업의 가치는 낮아지고 주가는 내려간다.

그런데 주식은 실물 경제보다 앞서서 움직이는 경향이 있기에

이런 기업이 많아지면 지수는 내려간다.

이렇게 지수의 움직임에 따라 기업의 실적을 예상할 수 있고

기업의 실적은 대한민국의 경제지표에 영향을 미친다.

지수가 올라가면 대한민국 평균 기업의 실적이 높아지고,

기업은 그 돈을 활용하여 채용을 늘리고 시설에 투자를 하거나

성과금과 배당금을 지급할 가능성이 커진다.

그럼 그곳에서 일하는 직원들의 급여가 올라가고

그 급여가 다시 시장에 유통되면서 소비가 늘어난다.

이것이 내수활성화로 이어져 경제 호황이 온다.

즉 지수가 올라가면 대한민국의 경제지표가 올라가고

실질적인 경제 상황도 함께 좋아지는 것이다.

반대로 지수가 빠지면 어떤 일이 벌어질까?

실적이 낮아지고, 기업은 투자한 돈을 회수하려 할 것이다.

비용 절감을 위해 채용을 줄이고 운영자금을 비축하기 위하여

성과금과 배당금의 액수도 낮출 가능성이 크다.

그럼 급여가 동결되거나 오히려 낮아지게 될 것이며

고용 불안에 직원들은 허리띠를 졸라맬 것이고

이에 따라 시장에 쓰는 지출도 줄어들게 될 것이다.

결국 내수불황으로 이어져 불경기가 온다.

국내총생산(GDP), 국민총생산(GNP) 등

여러 가지 경제지표를 보면 느리게든 빠르게든 우상향하고 있다.

경제는 계속 더 좋아지고 있다는 신호이지만

우리의 체감경기는 그렇지 못하다.

나는 지난 10년 동안 경기가 좋다는 말을 단 한 번도 듣지 못했다.

그 이유에 대해서 많은 전문가가

여러 자료를 근거로 들어 설명하지만 나는 단 하나로 설명하고 싶다.

지난 10년 동안 코스피가 2000대에 머물렀기 때문이다.

물론 2021년 들어 코스피가 3000을 넘겼지만

지금 지수는 아직 실질 경기를 대변하지 못하고 있다.

(앞서 말했듯, 지수는 실질 경기를 선행하여 대변한다.)

그래서 10년 전 체감경기가 불경기였다면,

지금도 여전히 불경기처럼 느껴질 수밖에 없는 것이다.

이유 2 - 지수는 차별하지 않는다

지수를 숲으로 삼아야 하는 이유 중
두 번째, 지수는 누구에게나 공평하다.
아무리 정확도가 높은 정보도
공평하게 제공하지 않으면 기준이 될 수 없다.

만약 어떤 정보를 얻기 위해서 비싼 돈을 들이거나
많은 시간을 써야 한다면 소수에게만 가치 있는 정보다.
만약 그 정보가 돈도 시간도 쓰지 않은 나에게 도착했다면
이미 정보로서 가치가 상실되었을 가능성이 크다.

상담을 하다 보면, 잘못된 투자로 큰 손실을 본 사람이 많은데
대개 친한 지인이 건네는 "이건 너만 알고 있어."라는 말이나
인터넷에 떠도는 잘못된 정보에 속는 경우다.
너만 알고 있으라는 말에는
이미 알 사람은 다 안다는 사실이 숨어 있고,
인터넷에 투명하게 공개된 정보는
나에게만 특별히 이익을 가져다줄 수가 없다.

만약, 확실한 수익이 보장되는 정보가 있다면
당신보다 훨씬 돈이 많은 사람이 먼저 선점을 할 것이다.
그들은 그 정보로 이익을 가져갈 것이고
그 정보가 더는 돈이 되지 않을 때쯤
저렴한 가격 혹은 무료로 내 귀에 들어올 것이다.
그런 정보는 대부분 끝물일 가능성이 크다.

결국 모두가 기준으로 삼을 수 있는 지표에는 공정성이 필수다.
누구에게나 같은 내용의 정보가 동시에 전달되어야 한다.
그런 의미에서 코스피는 아주 공정하다.
인터넷만 있으면 누구나 5초 안에 무료로 확인할 수 있다.
돈이 많거나 똑똑하다고 해서

더 많은 정보를 얻을 수 있는 구조가 아니다.

만약 누군가가 나보다 더 빠르게 코스피를 확인할 수 있다거나

비싼 돈을 주고 사야 하는 정보였다면

이것을 기준 삼아 공부하지 않았을 것이다.

가능하다면 당신은 공평한 시장에서 싸워야 한다.

훈련이 되어 있지 않은 상태로 불리한 시장에 뛰어든다면

실패는 예정되어 있다.

그러니 코스피를 활용해 투자 시장에 접근하여

다른 사람과 같은 출발선에서 공평하게 시작하자.

성공한 투자자일수록 전략과 전술을 제외한다면

모든 환경은 공정해야 한다고 입을 모은다.

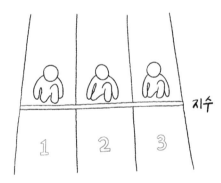

참 재미난 사실은

실패한 투자자이거나 투자를 처음 시작한 사람일수록

공정한 환경보다는 특혜나 수혜가 있어야 한다고 생각한다.

마치 자신에게만 특별히 주어지는 정보가 있길 바라고

마치 자신에게만 특별한 운이 따라주길 기대한다.

그런 사람일수록 고급 정보라는 말에 휘둘리고

너만 알고 있으라는 친구의 말에 현혹된다.

어렵게 정보를 찾으려는 노력보다는

어렵게 정보를 발견한 누군가가 자기 주변에 있길 기대하는 것이다.

물론 분명 그런 정보는 존재한다.

그러나 그런 정보는 결코 나와 당신의 것이 될 수 없다.

우리의 것이 될 수 없으므로 그 정보는 가치 있는 것이다.

다행인 것은 이런 요행을 바라지 않더라도

누구나 공정한 환경에서 투자하여 부를 이룰 수 있다.

가장 공정한 지표 중 하나인 지수,

그것 하나로 시작하면 충분하다.

이유 3 - 지수는 정확하고 정직하다

지수를 숲으로 삼아야 하는 이유 중

세 번째, 수치화되어 있다.

수치화되어 있으면 구체적으로 계획을 세우거나 실행할 수 있다.

예를 들어 다이어트를 하겠다는 말보다는

한 달간 5킬로그램을 빼겠다는 것이

책을 많이 읽겠다는 말보다는

한 달간 다섯 권의 책을 읽겠다는 것이 더 훌륭한 계획이다.

만약 당신에게 기준이 되는 것을 수치화할 수 없다면

목표를 구체화하기도, 실행하기도 어렵다.

지수는 오직 숫자로만 이루어져 있다.

숫자는 정확하고 정직하다.

그래서 성공한 투자자일수록

변할 수 있는 말보다 변하지 않는 숫자를 더 선호한다.

만약 누군가 코스피가 많이 빠지면 매수하고

많이 오르면 매도한다고 말했다고 가정해보자.

문제는 이때 '많이'의 기준이 굉장히 모호하다는 것이다.

누군가에게는 5퍼센트도 많지만

누군가는 20퍼센트는 돼야 많다고 생각한다.

'조금만 더 빠지면', '조금만 더 오르면'이라는

생각으로 투자에 접근하면

매수도, 매도도 할 수 없는 경우가 많이 발생한다.

이러한 문제점은 수치화된 기준이 해결해준다.

'코스피가 1400포인트가 되면 매수한다.'

'코스피가 1500포인트가 되면 매도한다.'처럼 말이다.

눈대중, 감각에 의존하지 않고

수치화된 기준에 따라 투자하다 보면

실패의 원인도 분석하기 쉽다.

예를 들어 수익의 기준을 10퍼센트로 잡고 실행을 했더니

5퍼센트까지만 오르고 내려오는 경우가 많았다면

다음부터는 5퍼센트를 기준으로 매도를 할 수 있다.

5퍼센트에도 수익은 났으나

8퍼센트까지 안정적으로 상승하는 경우가 많았다면

다음부터는 1차 매도를 5퍼센트, 2차 매도를 8퍼센트에 하여

조금 더 많은 수익을 낼 수도 있을 것이다.

만약, 100시간을 공부한다고 가정해보자.

A는 '많이 오르면', '조금만 내리면' 등의

감각적인 단어로 투자를 공부하고

B는 정확한 수치를 바탕으로 투자를 공부하였다.

100시간 후 어떤 결과치가 나올까?

누가 수익을 많이 냈는지는 확신할 수 없지만

그들이 어떤 말을 할 것인지는 확신할 수 있다.

A는 '아직도 도대체 뭘 해야 할지 모르겠어요.'

라는 말을 반복할 것이고

B는 '아 이제 어떻게 해야 할지 알겠어요.'라는 말을 할 것이다.

코스피는 실시간으로 소수점 둘째 자리까지 수치화되어 있으니
당신만의 투자 기준을 만들기 아주 좋다.

돈의 미래를 보여주는
가장 확실한 이정표

'영원한 상승도 영원한 하락도 없다.'
영원히 잘될 것 같았던 창업 아이템도
영원히 오를 것 같았던 부동산도
영원히 상승할 것 같았던 주식도
어느 순간이 오면 고점이 형성되어 낮아지거나 쇠락한다.

이제는 안 팔릴 것 같은 창업 아이템도
바닥을 치고 오르지 않을 것 같은 지역의 부동산도
더욱더 하락할 것 같은 주식도

어느 순간에는 저점이 형성되어 높아지거나 활성화된다.

반문하는 사람이 있을 수도 있다.

대한민국 부동산 시장은 불패였습니다만?

미국 주식은 늘 우상향했습니다만?

만약 그 말에 확신이 있다면 모든 재산을

지금 당장 주식과 부동산에 올인할 수 있을까?

언젠간 폭락할 거라는 두려움 때문에 그러지 못할 것이다.

그리고 그 느낌은 맞다.

모든 투자물은 상승과 하락을 반복할 수밖에 없다.

실제로 부동산과 미국 주식으로 부를 이룬 사람들은

고점과 저점 사이의 사이클 법칙을 이해하는 사람들이었다.

그렇지 않음에도 돈을 번 사람들은

특정 시기에 투자를 시작했던 운 좋은 사람들이다.

가령 2008년 이후 주식이나 부동산을 시작한 사람들 말이다.

2009~2020년은 부동산과 미국 주식이

하락을 멈추고 상승했던 시기다.

즉 투자로 돈을 번 사람은 두 종류다.

상승과 반복을 이해했던 사람이거나

운 좋게 시기를 잘 탄 사람들.

물론 운도 준비된 자만이 챙길 수 있었지만

운을 쏙 빼고, 무조건 우상향 논리를 펼치는 것은

대단히 위험한 결과론에 불과하다.

2005~2009년까지 부동산 관련 일을 했던 나는

당시 수도권의 부동산 열풍이 얼마나 뜨거웠으며

그 뜨거움이 얼마나 금방 식었는지 전부 목격했다.

일을 처음 시작했을 때는 저금리가 본격적으로 시작되는 시기였기에

이에 대비하려고 부동산 경매를 공부하는 사람은 많았지만

부동산으로 큰 수익을 얻으려는 이들은 많지 않았다.

그러나 중심지부터 신규 아파트가 개발되면서

점차 부동산에 관심이 쏠리더니

1~2년 만에 부동산 관련 카페와 책이 쏟아져 나왔다.

'저축과 절약으로 1억 원을 만들자'던 카페들이

어느새 '부동산으로 부자가 되자'고 외치고 있었다.

그러는 사이에 준비되지 않은 많은 이가 눈먼 돈을 벌었고

더, 더, 더를 외치던 욕심 많은 사람은

부채를 끼고 집을 사기 시작했다.

그러다 2007년 서브프라임 금융 위기가 오면서
서울을 비롯한 수도권 부동산은 침체기에 빠져들었고
그간 아무런 준비 없이 달콤한 수익을 봤던 사람들은 무너졌다.

그렇게 많았던 카페들은 대부분 사라졌고
전문가라 불리던 사람들은 침묵하기 시작했다.
그때 누군가가 "우리나라는 일본을 따라가기 때문에
부동산 가격이 폭락할 수 있다."라고 말하며
부동산 가격 하락에 맞춘 분석을 쏟아내었고
대중은 순식간에 부동산에 주던 관심을 거둬들였다.
그렇게 5년간 또다시 침체기를 맞이하게 되었다.
그때 모든 투자물은 상승과 하락의 사이클을 가진다고
확신하게 되었다.

사이클이 있으면 과거의 것이 미래에 돌아온다.
이 간단한 깨달음으로 나는 지난 10년간 부를 이루었다.
과거로 미래를 가늠하여
하락할 때 사서 상승하는 시기에 팔면 되니까 말이다.
과거로 미래를 가늠할 때 가장 정확하게 확인할 수 있는 기준이
바로 지금까지 이야기했던 지수다.

대한민국의 코스피는 분명 지금까지 우상향하였다.

하지만 그 과정에서 언제나 등락을 반복하였다.

IMF, IT버블, 리먼 사태의 영향, 코로나 등

이유는 달랐지만 아무리 호황기라 하더라도

모든 뉴스가 긍정적인 신호를 말하더라도

한정 없이 오를 것 같았던 지수는

어느 시기가 되면 반드시 하락을 맞이했다.

그리고 그 흐름 속에서 나는 나만의 패턴을 발견했다.

당신이 지수를 기준으로 삼길 바라는 중요한 이유가 여기에 있다.

수치화되어 있기에 패턴을 발견하기 쉽기 때문이다.

지수는 돈의 미래를 알려주는 가장 확실한 이정표다.

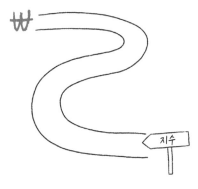

취업이 아닌
창업을 먼저 해보길

아빠가 강연 중에서 자주 받았던 질문은

"20대로 돌아간다면 무엇을 하실 건가요?"라는 질문이야.

나는 그때마다 사람들의 예상과는 다르게

창업을 할 거라고 대답해.

대학교에 강연을 나가거나 취업 특강을 하러 갈 때도

한결같이 이렇게 이야기했어.

취업하지 말고 창업부터 해보라고 말이야.

내가 창업을 추천하는 이유는

그 과정에서 비로소 자신의 모든 시간을
온전히 자기에게 쓰는 경험을 할 수 있기 때문이야.

사람들은 남들이 다 다니는 초, 중, 고, 대학교를 졸업하고
토익 점수와 공모전 수상 등의 스펙을 만들며 취업 준비를 해.
이 모든 과정이 나를 위해 쓰는 시간이긴 하지만
한편으론 그저 좋은 학교에 들어가기 위해서
그저 좋은 곳에 취업하기 위해서이기도 하지.

반면 창업을 준비하는 과정에서는
온전히 내 생각만으로 어떤 상품을 팔 것인지,
왜 그 상품을 팔 것인지, 어떻게 팔 것인지를 고민하며
내가 잘하는 것과 못하는 것을 스스로 깨닫는 시간을 보내.
그렇게 고민과 생각을 반복하다 보면
자신을 많이 알게 되고, 세상을 바라보는 시야가 넓어지지.
네가 훗날 어떠한 일을 하든 이 과정은 엄청난 도움이 될 거야.

지금은 창업한다고 많은 돈이 드는 시대도 아니고,
원한다면 스마트 스토어처럼 얼마든지
공짜로 창업할 수 있는 플랫폼도 있어.

이런 시대일수록 창업에 도전해
자신에게 집중하는 시간을 가져보는 것도
아주 의미 있는 일이야.

만약 네가 창업에 대한 부담감을 느낀다면
무엇을 판매해야 할지 아이템을 찾지 못했다면
창업 대신 영업을 해봐도 좋아.
안타깝지만 아직 우리 사회에서 영업에 대해
부정적인 시선이 있는 건 사실이야.
할 일 없는 사람들이 모여 있는 집단이라고 생각하는 인식도 많지.
그러나 그건 영업을 잘 모르는 사람들이 하는 소리란다.

영업을 무언가를 파는 것이라 생각하는 선입견이 있어.
'영업하면 무언가를 팔아야 한다.'
'영업하면 남에게 부탁해서 팔아야 한다.'
'영업하면 괜히 기가 죽는다.' 이런 생각에 이르지.
하지만 무언가를 파는 건 세일즈(Sales)이고
영업과는 완전히 다른 분야야.
세일즈는 말 그대로 물건을 판매하는 일이지만

영업은 비즈니스(business)와 마케팅(marketing)의 동의어로

장사, 사업을 뜻하거든.

예를 들어볼까?

만약 어떤 물건이 잘 팔리지 않는다면

판매 관점에서는 다음 손님이 올 때까지 기다리거나

다른 사람에게 찾아가는 행위만 반복할 거야.

하지만 영업 관점에서는

왜 판매가 되지 않는 건지, 어떻게 하면 더 잘 팔릴지 고민하지.

판매와 영업이 다른 점은 바로 이거야.

영업은 실행한 후 피드백하는 과정이 끝없이 이어져

자신을 성장시키지.

유튜브, 블로그와 같은 채널에도

식당, 카페 등의 창업에도

아니 어쩌면 삶의 모든 영역에서 영업을 활용할 수 있어.

유튜브 채널을 운영하는 것도 영업이야.

섬네일을 잘 만들고, 이목을 끄는 제목을 붙여서

구독자를 자신의 채널에 오게 하고

목표 시청 시간을 채워나가는 과정 전부가 결국 영업이 되는 거지.

주식 계좌를 파서 너의 성향에 어울리게 매매하고
그 결과를 피드백하며 잘못된 매매는 반성하고 수정하며
다시 도전하는 그 과정도 역시 영업이야.

내가 생각하는 영업은 인생을 살아가며
온전히 자신을 위해 시간과 정성을 쓰는 행위를 뜻해.
그래서 영업과 투자는 일맥상통하는 거지.

'상품을 팔아야 한다.'
'회사에 잘해야 한다.'
'남의 눈치를 봐야 한다.'에서 벗어나
'나를 팔아야 한다.'
'자신에게 잘해야 한다.'
'나만의 삶을 살아야 한다.'
'무엇보다 나를 사랑해야 한다.'로
인생을 채워나가 보길 바라.

그것만으로도 너의 삶이 바뀔 거란다.

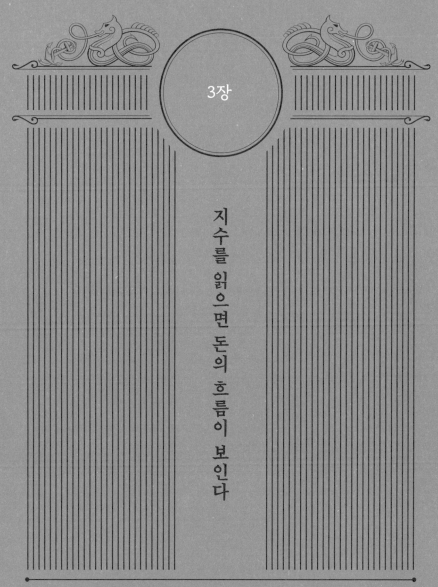

3장

지수를 읽으면 돈의 흐름이 보인다

지수가 안내하는 다양한 돈의 세계

역사에 만약이 없듯이
투자에도 만약은 없다.

인간은 물건이 아닌
욕망을 매매한다

불교에는 이런 말이 있다.

'지극에 이르면 모든 도는 하나로 통한다.'

어떠한 분야든 그 분야를 완전히 이해하면

다른 분야도 자연스럽게 이해하게 된다는 말이다.

내겐 지수가 딱 그런 존재였다.

지수의 중요성을 인지하고, 지수가 가진 힘을 깨닫고 나서

지수를 다양한 시각에서 공부하기 시작했다.

그런 과정은 내게 여러 가지 새로운 사실을 깨닫게 해주었다.

그리고 그 깨달음은 내가 성장하는 데 중요한 발판이 되었다.

나는 이를 '지수의 확장'이라고 부른다.

지수는 하나의 항목으로 끝나는 것이 아니라

자신의 필요에 따라서

다른 분야를 알게 해주는 좋은 스승이 되기도 하는 것이다.

이 장에서는 그 이야기를 해볼까 한다.

지수를 기준으로 삼다 보니 문득 그런 생각이 들었다.

'왜 지수는 특정 사이클을 반복하는 것일까?'

'왜 지수의 모양은 반복되는 것일까?'

'왜 투자의 역사는 반복되는 것일까?'

이를 알기 위해 내가 처음 했던 일은 탐독이었다.

책과 논문, 많은 양의 지식이 담긴 전문가의 글을 읽기 시작했다.

누군가는 경기순환 사이클로, 누군가는 부동산 경기지표로

누군가는 국가 경제지표로 이것을 설명하였다.

1년 동안 원리를 찾아서 공부했지만

지식이 쌓이는 동안 나는 갈 곳을 잃어갔다.

투자 기준에 관련된 지식은 배우면 배울수록 더 복잡해졌고

오히려 투자를 방해하는 장애물이 되었다.

그 시절에는 전문가에게 직접 조언을 들어야 했기에

수많은 자칭 도사와 전문가를 만나면서

내 돈과 시간을 허비하였다.

그때 내가 얻은 것은 딱 하나뿐이었다.

바로 사기꾼과 진짜 실력자를 구분하는 눈이다.

의미 없을 것 같았던 시간도 쌓이면 깨달음이 되는 순간이 있다.

실수를 타산지석 삼아 성장할 수 있기 때문이다.

투자하며 했던 많은 생각과 경험을 통해

투자하며 만난 사람들의 이야기를 통해

실수를 반복하며, 시간을 허비하며

결국 사이클이 반복되는 이유를 찾았다.

모든 투자물의 가격은 인간의 욕망으로 만들어지기 때문이다.

어떤 법칙이나 이론에 의해서가 아니라

인간의 욕망이 상품과 절묘하게 결합하여

반복된 사이클을 만들어온 것이다.

그러므로 논리와 이성으로 무장된 전문가는

사이클이 반복된다는 사실을 알고 있어도

지식의 함정에 빠져 투자하지 못하고

시간이 지난 후에 결과를 가지고
여러 지표와 이유를 들어 설명하는 경우가 많다.
앞날을 자신할 수 없으니 그들은 투자자가 될 수 없다.

그들이 예측하는 투자의 미래는 언제나 틀리기 일쑤다.
코로나 19가 왔을 때도 많은 전문가의 예상과는 달리
주가는 일시적으로 하락했을 뿐
오히려 코로나 19 이전보다 상승했다.
트럼프가 당선되면 세계 경제시장이 어려워진다고
많은 전문가가 예상했지만 트럼프가 당선된 이후로
미국 증시는 연일 최고점을 갱신하였다.

한국이라고 다를까?
한국에서 가장 많은 부자가 생긴 시점,
현재 수백, 수천억 원의 자산을 가진 투자자들이
목돈을 모은 시점은 언제일까? 바로 IMF였다.
모든 경제지표가 바닥을 치는 그 시점에
투자를 감행했던 많은 사람이 결국 큰 부를 이뤘다.

그 시절의 투자 법칙과 이론으로

투자 기회를 잡을 만한 건 거의 없었다.

이는 비트코인 사례에서도 살펴볼 수 있다.

2017년 가상화폐 광풍이 불었던 시기

200만 원이었던 비트코인이 2000만 원을 넘길 때

그 가격조차 낮다고 말했던 전문가는 또 얼마나 많았는가?

하지만 비트코인은 불과 1년이 지나지 않아

2018년에 300만 원대로 폭락했다.

폭락한 이후에는 욕망과 과욕의 대가라며

이제 아무도 거래하지 않는 빙하기라고 말했던

전문가는 또 얼마나 많았는가?

하지만 2020년 12월 비트코인은 2500만 원을 넘었다.

그럴싸한 이론이나 지식으로만 만들어진 법칙은

투자물 사이클의 본질을 설명할 수 없다.

지나고 나니 맞는 말은 할 수 있어도

미래를 맞히는 말은 할 수 없는 것이다.

모든 투자물의 사이클은 반복되고

그 사이클을 지수를 통해 확인할 수 있으며

이 흐름이 앞으로도 반복된다는 것을

정확히 이해하기 위해서는 투자하는 인간을 살펴봐야 한다.
좀 더 정확히는 돈을 벌려는 인간의 욕망이
본능적으로 어떤 행동을 하게 하는지 이해해야 한다.

예를 들어 설명해보겠다.
사람들이 주식을 하는 이유는 돈을 벌기 위해서다.
모든 주식은 회사를 기반으로 한다.
회사마다 가치가 있는데
어느 회사의 가치를 100~150원이라 생각해보자.
이 회사는 아무리 높게 잡아도 150원짜리이며
아무리 싸게 잡아도 100원짜리라는 의미다.
그런데 이 회사의 가치가 150원을 넘어가는 순간
사람들에겐 모종의 기대가 생긴다.
이것보다 더 올라가지 않을까 하는 기대 말이다.
그런 기대는 더욱 많은 사람이 이 회사에 몰리게 만든다.

너도나도 이 회사의 주식을 사려 하고
수요가 폭발하며 가격은 더욱 오르게 된다.
이쯤 되면 이 회사의 실제 가치는 누구도 궁금해하지 않는다.
이미 이 회사의 주식은 없어서 못 파는 상품이 되었으며

묻지 마 투자로 이어지는 것이다.

150원짜리 회사가 어느 순간

실제 가치보다 높은 가격이 되는 이유는

인간의 탐욕이 개입하기 때문이다.

한없이 오를 것 같은 회사의 가치도 시간이 지나면 한계점이 온다.

실제 가치보다 비싸게 측정된 회사를 누구도 사지 않는 순간

수요는 서서히 줄어들게 마련이다.

이 시기에는 회사를 싸게 산 사람들이 슬슬 주식을 정리해

이익으로 환원하려는 움직임이 생겨난다.

공급이 늘어나면서 가격은 점차 낮아지게 된다.

그러다 이 회사의 가장 낮은 적정가격인

100원에 도달하게 되면 어떤 일이 벌어질까?

분명 그 가격은 적정가격이지만

높은 가격이었을 때를 기억하거나

높은 가격에 주식을 샀던 사람들의 눈에

이 가격은 굉장히 낮아 보일 것이다.

가격이 이렇게 떨어진 걸 보니

혹시 이 회사가 망하는 것이 아닐까?

여기서 더 떨어지면 어떡하지?

사람들은 불안에 떨며 더 큰 손해를 보지 않기 위해

자신의 주식을 급속도로 팔기 시작한다.

수요보다 공급이 폭발적으로 증가하는 것이다.

그렇게 폭락이 시작된다.

사람들의 공포와 불안으로 인해

회사는 실제 가치보다

한없이 낮은 가격으로 떨어진다.

그리고 다시 어느 기점이 오면

이성을 찾은 사람들이

회사의 원래 가치를 생각하게 된다.

원래 가치보다 턱없이 낮은 금액이라 깨달은 사람들은

다시 이 회사의 주식을 사기 시작한다.

이 과정이 반복되면서 회사의 가치는 변하지 않아도

가격의 상승과 하락 사이클을

계속해서 맞이하게 되는 것이다.

이를 그래프로 그리면 다음과 같다.

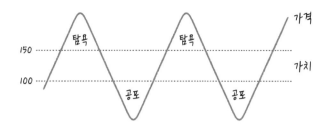

결국 반복되는 투자물의 사이클은

돈을 더 많이 벌고 싶은 인간의 탐욕과

돈을 잃기 싫은 인간의 공포가 만들어 낸 합작품이다.

투자 사이클은 인간의 한계가 만들어낸

지극히 인간적인 흐름이다.

투자의 대가들은 투자를 말할 때 늘 인문학과 심리학을 이야기한다.

두 학문은 인간의 본성을 이해할 수 있도록 도와준다.

하루 만에 30퍼센트 성장하거나

하루 만에 30퍼센트 쇠퇴하는 회사는 결코 흔하지 않다.

하지만 오늘도 주식 시장에는 그런 회사가 수십 개씩 생겨난다.

상한 또는 하한을 맞는 회사들은 언제나 존재하는 것이다.

그들이 오르락내리락하는 건

실제 가치가 변해서가 아니라 그 주식을 바라보는

사람들의 욕망이 변해서다.

투자자는 대부분 욕망을 매매하는 것이다.

나는 지수를 통해 이 점을 깨달았다.

그리고 이 깨달음은 내게 투자에 관한 중요한 이정표가 되어주었다.

인간의 본성을 극복한
3퍼센트의 비밀

역사에 만약이 없듯이 투자에도 만약은 없다.
하지만 아이러니하게도 투자를 하면서
사람들이 가장 많이 하는 말은 '만약에'이다.

만약에 이때 이 아파트를 샀더라면
만약에 이때 이 주식을 샀더라면
만약에 이때 이 코인을 샀더라면

고백하지만 나 역시도 처음에는 그랬다.

매일 지수와 씨름을 하며 문득문득

'아, 이 가격에 샀더라면 지금 얼마를 벌었을 텐데.'

따위의 생각들이었다.

부질없고 의미 없는 한탄이었던 이런 생각은

투자가 곧 욕망을 매매하는 것이라는 사실을 깨닫고 나서 사라졌다.

대신 조금 더 주도적으로 질문을 하기 시작했다.

'투자가 인간의 욕망을 매매하는 행위라면

어떤 사람들이 그 욕망을 누르고 승리할 수 있을까?'

사실 답은 너무나 단순했다.

최대한 싼값에 사는 사람

최대한 비싼 값에 파는 사람

최대한 싼값에 다시 사는 사람

그런 사람이 돈을 벌 것이다.

앞서 특정 물건의 가격은 인간이 욕망을 가지고 살 때 올라가고

공포심 때문에 팔 때 내려간다고 말했다.

이를 기준으로 생각해보면

결국 가장 비싼 값은 모두가 욕망으로 살 때 만들어지고

가장 싼 값은 모두가 공포심에 팔 때 만들어진다.

결국 돈을 버는 사람들은

모두 욕망을 갖고 사려고 할 때, 팔 수 있는 미덕이 있는 사람

모두 두려움을 갖고 팔려고 할 때, 살 수 있는 용기 있는 사람이다.

욕망과 두려움은 인간의 본성인데,

이 본성을 거스를 수 있는 사람이 돈을 벌 수 있는 것이다.

그리고 그런 사람은 전체 인구의 3퍼센트밖에 없다.

인간의 역사가 시작된 이후로

부자는 언제나 3퍼센트의 사람들이었다.

투자의 세계에서도 언제나 돈을 버는 사람은

상위 3퍼센트의 사람들이었다.

결국 97퍼센트의 사람이 본성에 순응하여 돈을 잃을 때

3퍼센트의 사람들은 본성을 거슬러 돈을 버는 것이다.

이런 깨달음으로 만들어진 것이 97 대 3의 법칙이다.

이 법칙은 전작 『돈 공부는 처음이라』에서

자세히 설명하였으니, 참고하면 더 좋다.

지수를 공부하며 97 대 3의 법칙을 깨달은 후

나는 3퍼센트의 사람이 되고 싶었기에

욕망을 거스르는 행동을 하기 위해 끊임없이 노력했다.

3퍼센트의 사람들은 결코 특별한 사람이 아니다.
오히려 지극히 상식적이었다.
이상한 건 오히려 97퍼센트의 사람들이었다.
상식적으로 생각하면 말도 안 되는 일을
97퍼센트의 사람들은 언제나 원했다.

가령, 일시적으로 많은 돈을 벌 수 있는 방법과
꾸준히 돈을 벌 수 있는 방법 중 하나를 고르라고 하면
당연히 후자를 고르는 것이 상식이다.
하지만 후자를 고르는 사람은 3퍼센트에 불과했다.
내게 투자에 관해 물어보는 사람 100명 중에
97명은 내게 투자할 주식 종목을 물었다.
오직 세 명만이 나처럼 투자자가 되기 위해서
어떠한 시간과 노력이 필요한지를 물었다.

수익이 나는 주식 종목 몇 개를 알면 일시적인 돈을 얻을 수는 있다.
하지만 일정 시기가 지나면 같은 종목으로 돈을 벌기 힘들다.
반면에 주식 하는 법을 배운다면
영원히 돈을 벌 수 있는 방법을 얻게 된다.
하지만 후자를 궁금해하는 사람은 3퍼센트에 불과했다.

대부분은 당장의 돈에 눈이 멀어버린다.

실제로 이런 97퍼센트의 심리를 이용해서
사기꾼들은 무료 추천주, 무료 검색기, 무료 리딩이라는 이름으로
당신의 욕망을 자극해 돈을 번다.
농사짓는 방법을 알게 되면 더는 채집을 하지 않는다.
눈앞에 있는 열매를 당장 따지 않더라도
열매를 얻을 수 있다는 확신이 생기기 때문이다.
하지만 농사짓는 방법을 모를 때는
눈앞의 열매를 최대한 많이 모으는 것에 집착한다.
당장의 달콤함이 훨씬 중요한 것이다.
전자가 문명인이라면 후자는 원시인이다.
97퍼센트의 사람들은
돈을 바라보는 관점이 아직도 원시인의 수준에 머물러 있다.

3퍼센트의 사람이 된다면 본능만을 따르지 않고
문명이 만든 상식선에서 돈을 생각한다.
만약 당신이 사기꾼들의 달콤한 유혹에 흔들리거나
비상식적으로 판단하려고 한다면
이 한 가지 말만 기억하면 좋겠다.

"세상에 공짜는 없다."

돈을 버는 비법을 공짜로 알려주는 사람은 없다.
모든 방법은 시간과 정성을 쏟아야만 자신의 것이 된다.
조금만 생각해보면 당연한 상식이다.
3퍼센트는 이런 상식을 당연하게 지키는 사람들이었다.

나는 '특별한' 3퍼센트가 되기 위해
특별한 혜택 없이, 우연히 얻은 행운 없이
시간과 노력을 쏟아 수익을 올리는 방법을 찾아야 했다.
요행을 바라는 비상식적인 사고를 버리자
비로소 조금씩 투자자로 성장했다.

인구구조의 변화를
함께 봐야 하는 이유

전 세계 주식 시장의 주요 지수를 보면

어떤 나라는 계속 우상향했고

어떤 나라는 오랜 기간 박스권을 만들었고

어떤 나라는 30년 전의 고점을 아직도 회복하지 못하였다.

그 이유를 꾸준히 분석한 결과

한 나라의 인구구조가 경제 상황에 많은 영향을

미친다는 사실을 깨달았다.

그럼 지금부터 그 이야기를 자세히 다뤄보자.

내가 지수에서 찾은 가장 큰 핵심은 '반값'이다.

지수는 특정한 주기에 위기를 반복했고

위기를 판단할 수 있는 신호는

지수가 직전 고점(바로 직전의 최댓값)에서

반값이 되는 순간임을 알게 된 것이다.

가령, 2200포인트가 직전 고점이라면

1100포인트로 떨어지는 순간이 저점이며 위기인 것이다.

최저점을 기록한 후 지수는 시간이 지나

다시 직전 고점 이상으로 회복되는 것이

일반적인 지수의 사이클이었다.

나는 사람의 공포가 최고치를 지나는 순간이

이때임을 확신하고 이 순간을 활용해

공격적인 투자를 하겠노라 결심하였다.

이후, 내가 찾은 이 공식이 한국이 아닌

다른 나라에도 통하는지 살펴보았고

미국, 영국, 독일에서 모두 같은 사이클로 움직인다는 것을 알았다.

그런데 일본은 내가 생각한 것과 지수의 흐름이 달랐고,

반값 법칙도 적용되지 않았다.

직전 고점에서 반값 이상으로 폭락한 닛케이 지수가
30년이 지난 지금까지도 회복하지 못했기 때문이다.

왜 일본은 지수 회복이 어려웠던 것일까?
버블의 크기도 크기지만
나는 그 원인을 인구구조에서 찾았다.
반값에서 언제나 전고점 이상을 회복한 나라가 미국이었는데
미국과 일본의 가장 큰 차이는 인구구조에 있었기 때문이다.

나는 한 나라의 경제가 성장하기 위해서는
인구가 폭발하는 시점이 있어야 한다고 생각한다.
오랜 기간 100명만 사는 국가가 있다고 가정하자.
그리고 그 속에 스무 채의 집이 있다.
이 나라에서는 개발할 이유가 특별히 없다.
이미 있는 것을 그대로 활용하고 유지보수만 하면 되기 때문이다.
수요와 공급이 유지되는 나라에서는
가격도 크게 변화하지 않는다.

그런데 갑자기 이 국가에 100명이 더 태어난다.
집은 스무 채밖에 없는데 집을 사려는 사람이 늘어나면서

자연스럽게 집값이 올라간다.
그때부터 사람들은 집을 사기 위해
경쟁하기 시작한다.

경쟁이 필요 없던 사회에서 경쟁이 필요한 사회로 바뀐 것이다.
집값을 벌기 위해 사람들은 더 많은 일을 하고
다른 사람보다 더 많은 돈을 벌기 위해 새로운 시도를 한다.
남보다 더 배우기 위해,
경쟁에서 이기기 위해 교육열은 높아지고
새로운 아이템으로 돈을 벌기 위해 기업도 많아진다.

국가는 치솟는 집값을 잡기 위해 공급량을 늘리고
스무 채의 집을 추가로 건설하면서, 새로운 일자리가 생기고
많은 돈이 시장에 풀리며 시장이 활성화되어 고성장기가 온다.
문제는 그 이후부터다.
추가로 태어난 100명의 사람이 60세가 되어갈 때쯤
기존에 있던 100명의 사람이 수명이 다 되어 죽게 된다.
이미 지은 40채의 집이 있으나 이제 수요는 20밖에 안 된다.
수요보다 공급이 많아지자 집값은 내려간다.
많은 돈을 집 사는 데 쓴 사람들은 큰 경제적 손실을 얻고

100명의 인구가 늘어나면서 필요에 의해 생겼던
학교, 식당 등이 사라진다.
결국, 일자리도 줄어들고 국민의 주머니 사정이 나빠진다.

일본의 잃어버린 30년의 원인이 바로
여기에 있다고 생각한다.
200명을 위한 인프라를 이미 만들어놨는데
인구는 줄어든 채 유지되고 있다면
새로운 산업이나 개발이 자연히 더딜 수밖에 없지 않겠는가.

미국은 1930년부터 1960년까지 무려 30년간
인구가 급속도로 늘어나는 베이비붐 세대가 형성된다.
우리나라와 일본의 베이비붐 세대는
10년간 형성되었다는 것을 감안하면 그 크기가 엄청나다.
미국은 이 시기에 노동력으로 국내총생산이 크게 상승하고
엄청난 속도로 경제 성장을 이룬다.

우리나라와 일본은 베이비붐 세대 이후
출생 인구가 절벽에 가까울 만큼 줄어들지만, 미국은 그렇지 않았다.
미국은 이민자의 나라이기 때문이다.

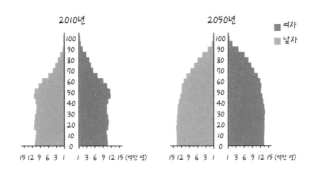

미국의 인구구조

2010년

2050년

여자
남자

전 세계 젊은이들을 미국으로 떠나게 만드는
'아메리칸 드림'이라는 구호 덕분에
미국은 매년 새로운 인구를 유입시키는 데 성공했다.
미국은 인구의 증가로 폭발적인 성장을 만들었고,
인구 감소는 이민이라는 카드로 훌륭하게 방어한 것이다.

그것이 미국의 지수는 반토막이 나도
언제나 회복할 수 있었던 이유고
지금의 미국을 만든 원동력이다.

한국의 인구구조는 어떻게 흘러가고 있을까?
불행히도 한국은 일본의 인구구조와 비슷한 모습을 보인다.

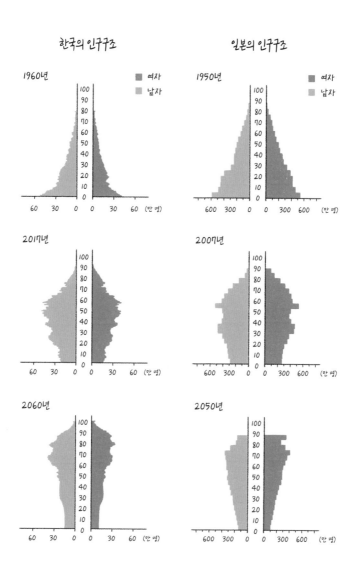

한국의 인구구조

1960년 　 ■ 여자　■ 남자

2017년

2060년

일본의 인구구조

1950년 　 ■ 여자　■ 남자

2007년

2050년

이 말은 앞으로 한국에 위기가 왔을 때

일본처럼 회복이 더딜 가능성이 있다는 걸 의미한다.

물론 반드시 그러리라고는 생각하지 않는다.

일본의 잃어버린 30년에는

더욱 다양한 관점과 이유가 있을 수 있기 때문이다.

다만, 지수를 관찰한 후 인구구조가 경제에 미치는 영향을 알았다면

이 지식을 위기를 대비하는 데 사용할 수 있다는 게 중요하다.

나는 인구구조와 경제의 상관관계에 대한 믿음이 있기에

베트남과 인도를 주목해서 보고 있다.

베트남은 베이비붐 세대가

경제 성장의 주체가 되는 시점에 있고

인도의 인구구조는 미국과 비슷하기 때문이다.

다양한 분야에서 활용할 수 있는 능력 한 가지를 보통

핵심 능력(Core Ability)이라고 한다.

핵심 능력을 강화할수록

여러 분야에서 능력을 효율적으로 발휘할 수 있다.

투자도 마찬가지다.

모든 성공한 투자자는 자신만의 핵심 능력을 가지고 있다.

나에게는 그것이 지수였다.

나는 지수를 통해 인간의 욕망을 이해했고

3퍼센트의 비밀을 알았으며

인구구조라는 또 하나의 투자 기준을 발견했다.

물론 내가 발견한 것이 정답이 아닐 수도 있다.

많은 전문가가 내 생각을 반박할 수도 있다.

내가 모두 다 옳다고는 하지 않겠다.

하지만 나는 내가 찾은 답을 통해 성장했으며

내가 찾은 답들로 부를 이루었다.

정답이라 생각했기 때문이 아니라

답을 찾는 과정에서 노력했기에

그 답에 믿음이 있었기 때문이다.

만약 그것이 남이 알려준 답이었다면

그 답이 정답인지 아닌지 끊임없이 고민했을 것이다.

그리고 고민하는 사이에 정작 그 답을

투자에 활용하지 못했을 것이다.

당신 역시 그러하다.

스스로 지수를 탐구하고 답을 찾지 않으면

마지막까지 의심과 싸워야 한다.

그 싸움은 쉽게 끝나지 않을 것이며

당신은 결코 남의 답을 당신의 투자에 활용하지 못할 것이다.

그러니 지수 안에서 당신만의 확신을 만들어야 한다.

내가 발견한 것이 전부는 아닐 것이다.

지수는 돈의 모든 것을 담고 있기에

관찰하기에 따라 얼마든지 다른 생각으로 확장될 수 있다.

욕망, 3퍼센트, 인구가 아니더라도

얼마든지 다양한 세계로 지수는 당신을 인도할 수 있다.

그 결과가 부동산이 될지

코인이나 금처럼 대체 화폐가 될지

석유나 구리 같은 원자재가 될지는 모를 일이다.

지수는 바다와도 같다.

그것도 아직 밝혀지지 않은 부분이 많은 바다다.

그 바다에 항해하는 첫 번째 배를 지금부터 만들어보길 바란다.

결과는 알 수 없지만, 고난과 시련은 있겠지만

그래도 항해를 멈추지 않길 바란다.

그리고 결국에는 콜럼버스가 신대륙을 발견했을 때의
두근거림을 느끼기를 바란다.
당신만의 신대륙을 발견하길 기대한다.
지수를 통해 당신만의 투자 무기의 날을 세우길 기대한다.

언젠간 우리가 마주 앉아 차를 한잔 마실 날이 오면
당신이 발견한 보물에 관한 이야기와
내가 발견한 새로운 보물에 관한 이야기를 함께 나누고 싶다.

나는 지금도 바다 어딘가에서 당신이 찾아오길 기다리고 있다.

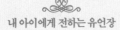

열 권의 책으로
투자를 더 깊이 알아가길

독서는 적은 돈으로 투자를 배우기에 가장 좋은 방법이야.

그렇다면, 어떤 게 좋은 책일까?

책을 쓴 작가가 지금도

책의 내용처럼 살고 있는지 확인해보면 알 수 있어.

만약 투자에 관한 책을 쓴 작가가

지금은 투자하지 않고 교육만으로 돈을 벌고 있거나

다른 일을 하며 살아가고 있다면

그 사람이 쓴 책은 양서가 아닐 가능성이 커.

투자를 멈춘 이유는 자신의 방법이 잘못되어서일 것이고
잘못된 방법으로 쓴 책이 좋을 리가 없으니까 말이야.

2만 원가량의 비용을 지불하고
2~3일간 시간을 쓰며 책을 읽고 나면
네 인생을 모조리 바꿔줄 대박 기법, 대박 스킬, 대박 비결을
얻을 수 있을 거라고 기대하진 마.
다만, 한 작가의 생각을 들여다봄으로써
자기 생각을 강화하는 도구로는 사용할 수 있지.

책은 될 수 있는 대로 많이 읽는 것이 좋아.
다양한 작가의 생각을 살펴보다 보면
나에게 의미있는 것만 조합해서
생각을 더욱 멋지게 만들 수 있으니까.

개인적으로 한 투자 분야당 열 권 정도 책을 읽으면
그 분야의 기본적인 지식과 투자 방식의
아이디어 정도는 얻을 수 있다고 생각해.
그럼 열 권의 책을 어떻게 선정해서 읽을까?

한두 권은 용어에 대한 설명을 자세하게 해주는 책을 골라.

투자의 방법과 비결이 담긴 책이 아니라

투자에 필요한 용어를 잘 설명해주고

이해하기 쉬운 수준인 것으로 고르는 게 좋지.

남은 여덟 권은 네 분류로 나누어 구매해.

첫 번째, 반드시 한 권은

신간 베스트셀러가 아닌 과거에 출간된 책이어야 해.

해당 분야에서 큰 성공을 거둔 사람이 과거에 쓴 책을 봐.

과거에 출간되었지만 여전히 읽히는 책은

유행을 타지 않는 생각이 담겨 있고

책을 통해 그 사람이 얼마큼 성장했는지 검증할 수 있기 때문이야.

유행을 타는 책은 특정 시기에

일시적으로 유효한 생각이 담긴 책이 많아.

두 번째, 하나의 투자물을

각기 다른 투자 방법으로 소개하는 책을 두 권 이상 구매해.

해보지도 않고 나와 어울리는 방법이 무엇인지

절대 스스로 판단해서는 안 돼.

책으로 여러 가지 간접 체험을 하기 위해

두 권 이상 선택해야 하는 거지.

부동산이라면 갭 투자, 경매 혹은 청약

주식이라면 가치 투자 혹은 기술적인 투자,

창업이라면 온라인 창업, 오프라인 창업 등으로

나누어 구매해보는 거지.

세 번째, 자신이 투자하는 투자물의

상품 가치가 내렸을 때 나온 책을 찾아.

나는 투자물 가격이 오를 때

수익을 얻은 방법을 담은 책은 절대 사지 않아.

그 책이 훌륭하지 않다는 것이 아니라

책에 담긴 메시지가 대부분

투자물을 살 때 어떤 근거로 샀는지 설명할 것이고

현재 그 투자물 가격이 올랐으므로

그 근거는 무조건 옳은 것처럼 보여.

예를 들어 비트코인이 2000만 원까지 올랐을 시점에

많은 이가 5000만 원은 물론이고,

1억 원까지 올라간다고 얘기했고

결론적으로 모두 옳았어.

당시 지나가던 중학생이 비트코인은

블록체인기술을 어쩌고저쩌고하면서

'1억 원까지 올라간대요.'라고 책을 썼어도

훌륭한 책이 되었을 테지.

그렇기에 투자물의 상품 가치가 이미 올랐을 때

오른 이유를 설명하는 책은 크게 도움이 안 돼.

반면에 투자물이 하락하는 시기에 나오는 책은

남들(대중)과 다른 글쓴이의 생각을 엿볼 수 있어서

훨씬 많은 도움이 되었어.

네 번째, 책에서 나오는 방법을

직접 실천할 수 있는지 판단한 후 책을 골라야 해.

두리뭉실하게 설명되어 있는 책보다는

행동을 강조하는 책이 좋다는 이야기야.

책을 읽으면서 얻는 지식보다

책을 읽으면서 스스로 생각하게 만드는 책이 좋고

스스로 생각하게 만드는 책보다는

그 생각을 어떤 행동으로 현실화할지 정해주는 책이 좋아.

좋은 책을 만난다는 것은
좋은 스승을 마주하는 것과 같다는 생각으로
항상 양질의 책을 가까이하는 사람이 되길 바랄게.

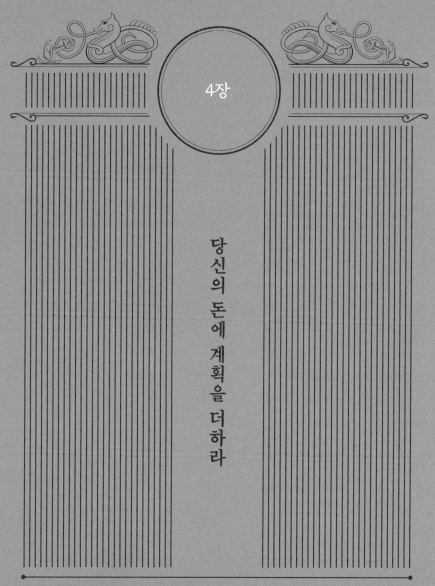

4장

당신의 돈에 계획을 더하라

난생처음 써보는 돈의 시나리오

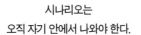

시나리오는
오직 자기 안에서 나와야 한다.

영원한 부의 설계도,
돈의 시나리오

가장 중요한 이야기를 할 순간이다.

그 이야기를 위해 지금까지의 내용을 정리해보자.

나는 당신이 투자자가 되어야 한다는 말을 했다.

투자자는 자기만의 돈의 시나리오를 가진 사람이다.

돈의 시나리오는 많은 걸 알 때가 아니라

한 가지를 깊게 알아갈 때 만들어진다.

내가 당신에게 제안한 한 가지는 지수였다.

지수는 공정하고, 수치화가 가능하며

무엇보다 반복되는 특성이 있기에 훌륭한 무기가 된다.

지수를 깊게 파고들면 확장이 일어난다.

나는 인간의 욕망과, 3퍼센트의 비밀, 인구구조와 경제의 상관성을
지수 공부를 통한 지식 확장으로 깨쳤다.

당신도 지수의 확장으로 지혜를 얻을 수 있다면
투자 무기에 날카로움을 더할 수 있다.

이 모든 것을 종합해 당신이 답해야 하는 질문은 이것이다.

"나는 어떠한 계획으로 돈을 벌 것인가."

지금 당신은 돈의 시나리오를 스스로 설계하는 단계에 도착했다.

돈의 시나리오가 생기면
그때부터 돈을 벌기 위해 해야 하는 행동이 명확해진다.

행동은 성과로 이어지고, 성과가 반복된다면
이제 당신은 누구도 뺏어갈 수 없는
당신만의 '영원한 돈'을 가질 수 있다.

이 장에서는 내가 지난 10년간 만든
돈의 시나리오를 공개할 예정이다.

이 시나리오는 지금도 사용하고 있으며,
실제로 나에게 수익을 가져다준다.

당신의 시나리오에 좋은 본보기가 될 수 있도록

아주 구체적으로 설명할 예정이다.

시나리오는 오직 자기 안에서 나와야 한다.

이를 위해 목표를 어떻게 설정해야 하는지

현재를 어떻게 분석하는지

계획을 어떻게 성장시켜 완성할 수 있을 것인지 얘기할 것이다.

첫 책『돈 공부는 처음이라』에서

이미 내가 가진 가장 큰 시나리오를 공개하였지만

그걸 보고도 활용하지 않았던 사람이 사실 훨씬 많았다.

초심자가 보기에 다소 어려운 내용이지 않았나 하는

반성과 함께 이번에는 매우 구체적으로 언급할 예정이다.

이 장을 통해 당신만의 시나리오를 써 내려갈 수 있길 기대하며,

시작해보자.

시나리오 작가는
언제나 자신이다

동학 개미 운동이라는 신조어가 등장하며,
모두 주식 투자를 해야 한다는 열풍이 불고 있다.

"미국 주식 투자를 해라."
"우량주를 사라."
"테마주를 사라."

유튜브 채널에서 많은 이가 주식에 관해 이야기를 했고
그 결과 대한민국의 주식 광풍이 시작되었다.

최근 한 유명 주식 유튜버를 찬양하는 영상을 본 적이 있다.
한 시청자가 세 번의 깡통 계좌(돈을 다 잃은 계좌)를 겪은 후
그 사람의 영상을 보고 실행하여
100만 원을 400만 원까지 만들었다는 내용이었다.

그는 주식은 이렇게 해야 한다며
사람들에게 자신의 주식 투자 방법을 소개하며 구독자 수를 늘렸다.
그 영상을 본 사람들은 너도나도 주식을 하겠다고 댓글을 달았다.
그중 좋아요 수가 많은 댓글 하나가 눈에 띄었다.
그 글의 내용은 다음과 같다.

"저는 이런 영상이 올라오는 게 위험하다고 생각합니다.
저는 그 유명 유튜버의 주식 영상을 보고 인생이 무너졌습니다.
이미 수천만 원의 빚이 생겼고 어떻게 해야 할지 모르겠습니다.
수백, 수천 퍼센트의 수익과 50만 원으로, 500만 원으로 시작했다는
그들의 말로 나도 돈을 벌 수 있을 것 같은 헛된 희망 때문에
수없이 많은 개미가 현혹되는 것이 안타깝습니다.
제발 이런 영상 올리지 마세요."

수많은 사람의 공감을 받은 건

이와 같은 경험을 한 이가 많다는 뜻일 테다.

이보다는 나은 경우이지만 대부분의 사람은 아래와 같이 행동한다.
유튜브나 기사를 보며 나도 '주식 투자해야지'라는 마음은 먹었다.
마음을 먹었지만 정작 내가 무엇을 해야 하는지,
어떻게 해야 하는지는 도저히 모르겠다.
그래서 또다시 다른 이의 유튜브를 보기 시작한다.

속칭 고수라 불리는 사람들이
세상에 이렇게 많다는 것을 알게 되고
그들이 공개한 내용대로 공부한다.
그리고 얼마 지나지 않아 포기한다.
나와 맞지 않는다는 이유다.
하지만 계속해서 주변에서 주식 안 하면 바보라는 소리를 듣는다.
실제로 돈을 벌었다고 자랑하는 친구의 이야기에 배가 아프다.
다시 마음을 잡고 유튜브를 시청한다.
위의 행동을 다시 반복한다.

자, 이런 상황은 누구의 잘못일까?
결론만 이야기하면 이 말을 분별없이 들었던 이들의 잘못이다.

나는 이런 상황을 수도 없이 봤다.

영상을 올렸던 사람이 잘못일까?

그들이 사기를 쳐서 사람들을 현혹한 것일까?

아니다. 영상을 올렸던 사람은 자신의 비결을 전수했을 뿐이다.

다만 그들이 고려하지 않은 것이 하나 있다.

그 영상을 보는 사람들의 환경을 고려하지 않은 것이다.

영상을 보는 사람 모두 각기 다른 상황과

다른 환경에 처해 있다는 사실을 생각하지 않은 것이다.

기력이 약한 사람에게 강한 약을 처방하면

그 약은 죽음으로 이끄는 독이 될 뿐이다.

기초 체력이 없는 이에게는

우선 순한 약을 복용하며 기력을 회복한 후

강한 약을 써서 병을 다스려야 한다.

투자 방법도 마찬가지다.

양질의 정보도 비결도 받아들이는 사람의

환경에 따라, 성향에 따라 가치는 달라진다.

유튜브나 여타의 채널을 통해 주식을 가르치는 사람은

십 년이 넘는 시간 동안 주식 투자를 해왔으며

전업 투자자로서 매일 차트를 볼 수 있다.

그의 방법을 찬양하던 사람도 자금의 크기만 다를 뿐

비슷한 환경에서 수년간 주식 투자를 했기에 수익을 얻을 수 있었다.

그러나 문제는 그 영상을 시청하는

90퍼센트 이상의 사람들은 그렇지 못하다는 사실이다.

90퍼센트 이상의 사람에게 그들의 이야기는

환경 때문에, 상황 때문에 실행할 수 없다.

직장을 다니면서 그들만큼 노력과 시간을 쓸 수 있는가?

장사하면서 그들만큼 많은 차트를 볼 수 있는가?

대부분 그럴 수 없다.

그렇기에 그들의 이야기는 결국 남의 것이다.

전업 투자자를 직업으로 가진 사람,

그래서 성향과 환경이 모두 비슷한 사람,

원리를 깨치기 위해 시간과 정성을 쓴 사람에게는

정답에 가까운 해답일 수 있지만

반대로 그렇지 못한 대다수에게는

그 방법이 독이 되는 것이다.

많은 전문가와 투자자가 돈을 버는 과정을 공개했음에도
여전히 많은 이가 돈을 벌기는커녕, 되레 잃고 있는 이유다.

지난 8년간 주식 교육을 하면서
'왜 사람들은 같은 내용을 배우는데도
누구는 돈을 벌고 누구는 돈을 벌지 못할까?'
에 대한 답을 나는 여기서 찾았다.

어떤 방법이든 자신의 환경에서 출발한 것이 아니라면
결코 그 방법은 자신의 것이 되지 못한다.
투자자로 살아가면서 가장 중요한 요소가 무엇이냐고 물어본다면
나는 이렇게 말한다.

어떠한 방법이든, 결국 자신의 것으로 만들어야 한다.
자신의 것이란 결국 자기 안에서 출발하는 것이다.
물론 아주 훌륭한 이론이라면
잠시 잠깐은 남을 따라 하다 보면 돈을 벌 수 있다.
그러나 그 돈이 절대 영원한 부를 가져다주지는 못한다.
부를 가져다주는 돈은 그런 돈이 아니다.
부를 가져다주는 돈은

자신에게 맞는 돈의 시나리오를 만들고
검증하고 실행하여 자신이 온전히 버는 돈이다.
사극의 시나리오로는 결코 로맨스를 찍을 수 없다.

이 이야기가 돈의 시나리오를 만들기 전에
당신이 기억해야 할 첫 번째다.

목표를 구체적으로 정하고
반드시 종이에 써라

1953년 예일대학교에서는 졸업생에게
'구체적인 목표를 종이에 써서 보유하고 있습니까?'
라는 질문을 했다.
3퍼센트의 사람들은 그렇다고 대답했고
97퍼센트의 사람들은 아니라고 대답했다.
이후 20년이 지나고 추적 조사를 해보니 결과가 놀라웠다.

목표를 종이에 작성했던 3퍼센트의 사람들 재산의 합이
목표를 종이에 적지 않았던
97퍼센트의 사람들 재산의 합보다 많았기 때문이다.

목표를 설정하여 이를 반복적으로 보는 것만으로도
실제로 많은 변화가 일어난다.
그러니 반드시 자신만의 목표를
자신만의 노트에 적는 것이 필요하다.

자기만의 목표는 어떻게 만들 수 있을까?
많은 사람에게 '당신의 목표(꿈)는 무엇인가요?'
라고 물었을 때 대답을 못 하는 경우가 많다.
자신에게 물어보자.
당신은 어떤 삶을 살고 싶은지 말이다.
사실 우리는 각자 원하는 삶이 무엇인지 알고 있다.
그러나 현실이라는 벽에, 주변의 시선에, 자신이 처한 환경에
적응하느라 입 밖으로 꺼내지 못할 뿐이다.

꿈을 이야기하면 아직도 그런 꿈을 꾸냐며
철이 없다는 듯이 바라보는 시선이 무서울 것이다.
그래서 하고 싶은 일도, 이루고 싶은 꿈도
모두 내려놓고 사는 것이라 생각한다.

그렇지만 지금만큼은

당신이 진짜 원하는 것을 적어보자.
당신의 나이가 어떻든 10년 단위로
구체적으로 수치화하여 삶을 그려보자.
이 순간만큼은 현실과 환경을 고려하지 말자.

예를 들어 지금 당신의 나이가 30대라면
40대 때 잘살았으면 좋겠다는 마음에 그치지 말고
어떤 곳에서 살 건지
어떤 차를 타고 다닐 것인지
어떤 시계와 가방을 들고 다닐 것인지
구체적으로 적어보고 사진도 찾아서 붙이자.

그리고 그것들을 하기 위해서
돈이 얼마나 필요한지 계산해보자.
그 금액이 당신만의 목표가 된다.
별것 아닌 것처럼 보이는 이 일은
당신만의 돈의 시나리오를 작성하는 '첫걸음'이다.
이 목표에 따라 당신의 모든 계획은 새롭게 구성되고
행동도 달라져야 하기에 아주 중요한 작업이다.

과거 일 때문에 만났던 사람 중에

ICO(코인 상장)를 추진하는 사람이 있었다.

그는 의사 출신이라는 특이한 이력이 있었는데,

어느 정도의 사회적 신분과 부가 담보되어 있음에도

굳이 의사를 그만두고 ICO라는

위험 부담이 높은 사업을 한 이유를 물어보았다.

그는 10년간 의사 생활을 하며

본인이 원하는 삶이 아니라는 걸 깨달았다고 한다.

매일 환자를 상대해야 하는 일도 적성에 맞지 않고

그들이 말하는 고통을 듣는 것도 괴로웠다.

그가 진정 원하는 삶은 시간을 온전히 자신을 위해 쓰면서

죽을 때까지 매주 1000만 원 정도를 지출할 수 있는 삶이었다.

그런 삶을 실현하기 위해 여러 가지 방법을 알아봤고

그중 하나가 ICO라는 것이었다.

자신의 수명을 100살로 예상하고

그때까지 매주 1000만 원을 쓸 수 있는 금액을 정했다.

그리고 그 금액을 벌 수 있는 아이템을 ICO로 결정했다.

그 사람은 어떻게 되었을까?

결과적으로 그의 코인은 유명 사이트를 통해 상장했다.

지금 그가 그 금액을 벌었는지는 알 수 없다.

하지만 설사 그가 이 시도에 실패하더라도

또 다른 자신만의 시나리오를 만들 것이라 확신한다.

그에게는 뚜렷한 삶의 지향점이 있고

그런 삶을 살기 위해 필요한 돈이

구체적인 목표로 머릿속에 자리잡았기 때문이다.

많은 자산 전문가가 이야기한다.

많은 동기 부여 전문가도 이야기한다.

많은 컨설턴트 역시 이야기한다.

목표를 세우는 것이 중요하다고

하지만 정작 그 목표의 중요성을 인지하고

스스로 세우는 이는 많지 않다.

이 장을 통해서 이번만큼은

돈을 위한 당신만의 첫 번째 목표를 세울 수 있길 기대한다.

나 자신을
정확하게 파악할 것

자신만의 목표를 세웠다면 그다음 할 일은 비교적 단순하다.

현재 나의 상황이 어떠한가를 파악하는 일이다.

목적지를 정하고 난 뒤 지도를 펼친 후

첫 번째로 해야 할 일은 바로

현재 내가 지도 어디에 위치하는지를 찾는 일이다.

그래야 걸어갈 수 있는 거리인지, 차를 타고 가야 하는 거리인지

차를 타야 한다면 대중교통이 있는지, 렌트를 해야 하는지

혹은 차를 사야 하는지를 결정할 수 있게 된다.

재무 상담을 진행하면 나는 반드시 한 가지 숙제를 준다.

바로 재무 설문지를 스스로 작성해보는 것이다.

설문지를 작성하며 정확하게 본인의 위치를 확인할 수 있고,

그래야만 나 또한 최선의 조언을 해줄 수 있기 때문이다.

자기를 정확히 알지 않고서 시작하는 모든 일은 불안하기 짝이 없다.

단순한 자기계발이라면 시간을 낭비하고 끝날 일이지만

투자와 돈은 전혀 그렇지 않다.

자기 상황을 모른 채 받아들이는 모든 투자법은

언젠간 자신을 최악으로 이끌어버린다.

최근에 상담한 사례 중에 이런 일이 있었다.

상담자는 개인 법인을 만들어 제법 많은 대출을 끼고

대구·경북 지역에서도 외지에 속하는 지역의

오래된 다세대 주택과 빌라를 사들였었다.

구매 시기는 2019년 말쯤이었다.

걱정스러운 마음에 물었다.

"혹시 서울에서 하는 부동산 교육을 듣고 법인을 설립하고

부동산에 투자하신 것인지요?"

그랬더니 "어떻게 아세요?"라며 그렇다고 하였다.

강사와 충분한 상담을 하고, 임장을 해본 뒤

물건을 구매하신 거냐고 물어보니

카페에서 활동하며 온라인 강의와

오프라인 강의를 들었다고 했다.

잠시 찾아보니 그 강사는 부동산 가격이 많이 상승했던 시기에

다세대 주택과 빌라에 투자하여 꽤 많은 수익을 올렸던 투자자였다.

문제는 그 강사는 지방에 투자한 적이 없던 사람이고

관련된 글도 모두 수도권에서의 경험을 바탕으로 작성한 것이었다.

서울에서는 오래된 다세대 주택을 싸게 구매하여 리모델링하거나

급매나 경매로 나온 물건을 구매해 수익을 볼 수 있다.

지금 당장 비싸게 팔리지 않더라도

리모델링을 하면 공실이 생길 가능성이 적고

이를 활용해서 가격이 오를 때까지 버틸 수 있기 때문이다.

즉 지리적 특성상 투자 손실 위험이 적은 것이다.

그러나 지방에서는

특히 지방에서도 중심지로 포함되지 않는 곳에서는

결코 좋은 전략이 아니다.

지방의 수용 가능 인구가 서울과 많이 차이 나기 때문이다.

지방에는 수요보다 공급이 많은 지역이 많기에
특별히 주의해야 하는데,
그런 걸 고려하지 않고 시작한 이 사람은
1년도 채 되지 않아 문제가 발생했다.
바로 옆에 신축 원룸이 들어오자
자신의 원룸 절반 이상이 공실이 되어버린 것이다.

언젠가는 건물 가격이 다시 오를 수 있다 하더라도
그사이에 대출 이자를 감당하기 위해서는
월세나 보증금이 필요하다.
공실이 절반이 넘어가면 보증금을 내주기 위해
추가 대출을 해야 하고 매달 마이너스 지출이 생긴다.

그렇다고 신축만큼 리모델링을 하자니 비용이 부담되고,
싸게 월세를 받자니 월세를 받기 위해 쓰일 시간이
자신의 인건비에도 못 미치는 수준이다.
그는 투자 지역에 맞춰서 다른 시각으로 투자해야 함에도
그저 오래된 다세대 주택이 싸게 나온 것에만
초점을 맞춰 적합하지 못한 투자를 진행했다.

이제 겨우 덧셈과 뺄셈을 익힌 초등학생에게
삼각함수와 미분, 적분을 가르치면 어떻게 될까?
초등학생은 결국 수학을 포기해버리고 말 것이다.
수준 높은 지식과 투자 전략을
얼마든지 들여다볼 수 있는 시대다.
예전과 비교하면 정보 접근성이
비교할 수 없을 만큼 높아졌다.

이런 환경이 시나리오를 완성하는 데
좋은 밑거름이 되는 것을 부정하진 않겠다.
하지만 그것보다 훨씬 중요한 것은
당신이 수준 높은 지식과 투자 전략을
소화할 수 있는지 파악하는 것이고
나아가서는 당신의 전체적인 상황이 어떠한지
정확하게 인식하는 것이다.

수많은 기준이 있겠지만 나는 상담을 할 때
환경, 성향, 나이, 현재 돈의 크기
이렇게 네 가지 기준으로 상담자의 상황을 규정한다.
이 중에서 환경과 성향은 변동 변수라

변할 수 있고 극복 가능한 것이며

나이와 돈의 크기는 고정 변수라

변할 수 없기에 대응해야 한다.

지금부터 이 네 가지를 기준으로 자신의 상황을 분석해보도록 하자.

첫 번째, 환경.

환경이란 직업, 결혼, 자녀 유무, 거주 지역, 지식 수준 등을 의미한다.

과거에는 자신이 투자할 수 있는 시간을 파악하기 위해서

이 부분에 많은 고민을 해야 했다.

그러나 현재는 과거보다 훨씬 적은 시간으로도

다양한 지식과 경험을 축적할 수 있다.

환경이 불리하더라도 극복할 수 있는 것이다.

가령 과거 직장인들은 주식 투자를 할 때

단기 매매를 공부하거나 경험하기에 불리했다.

대부분의 단기 매매는 오전장 혹은 오후장 특정 시간대에서

진행하는 게 유리하기 때문이다.

그러나 지금은 각 증권사 애플리케이션에서

서버 자동 주문을 지원하기 때문에

원하는 가격대를 설정하면 자동으로 매수, 매도 주문을 할 수 있다.

걸림돌이었던 환경을 극복한 것이다.

부동산 투자와 경매도 마찬가지다.

과거에는 물건을 보기 위해서 경매장에 사람을 배치하거나

법원에 가서 직접 물건을 찾아야 했지만

지금은 법원 사이트와 부동산 관련 사이트에 가면

한눈에 쉽게 볼 수 있다.

임장을 다니는 것도 과거에는 부동산에 찾아가서

브리핑을 받는 것이 일반적이었지만

지금은 집에서 어느 정도의 정보를 섭렵한 후

찾아가면 되기에 시간을 절약할 수 있다.

투자 고수들의 이야기도 비교적 쉽게 접할 수 있다.

과거에는 주로 면대면 강의를 통해 정보를 얻을 수 있었다면

지금은 투자 고수들이 스스로

매체를 통해 양질의 정보와 노하우를 시장에 공개하고 있다.

바쁜 직장인도 얼마든지

그들의 정보와 생각을 만날 수 있는 시대인 것이다.

따라서 지금은 과거 어느 시대보다 훨씬 적은 시간과 비용으로

투자자로 성장할 수 있는 시대다.

환경적 요소는 시대의 발전에 따라
점차 극복되는 추세이기에 과거만큼 중요하지 않다.
그런데도 굳이 중요한 환경적 요소를 하나 뽑자면 결혼 여부다.
결혼과 미혼의 차이가 정서적, 경제적, 시간적 여유의 여부로
이어지는 경우가 많기 때문이다.

결혼하지 않았고 시간적 여유가 많다면
창업과 주식 투자를 모두 경험하면서
자기만의 시나리오를 만들기 위한
훈련을 하는 것을 추천하며
결혼을 했고 특히 육아를 하는 상황이라면
창업과 주식 투자 중 하나에 집중하는 게 유리하다.

부동산의 경우 사이클이 존재하고
유형 자산이라는 특성상 아무래도
직접 임장을 다녀야 유리하기 때문에
꾸준히 공부를 이어가는 것이 생각보다 힘들다.
그러나 대부분이 내 집 마련을 꿈꾸기에
뒤에 나올 부동산 관련 내용을 참고하여
집을 구매하기 위해 필요한 자금과

구매 시기를 설정한 후

투자에 관한 공부를 이어가는 게 좋다.

두 번째, 성향.

투자자로서 그 사람이 가지고 있는

선천적, 후천적 기질을 의미한다.

우선 당신이 돈을 대하는 성향이 어떤지 모르겠다면

다음 질문에 답해보도록 하자.

(단, 당신의 노력으로 이미 또래보다 많은 돈을 축적했다면

아래의 설문은 사실 의미가 없다.)

'다음 주에 나에게는 중요한 일(보수를 줌)이 있다.

그러나 지금 나에게 좋은 곳으로 여행 갈 기회가 생겼다.'

당신의 선택은 무엇인가?

1. 나는 중요한 일이 있더라도 내가 한 살이라도 젊을 때

　좋은 곳에 여행을 많이 가보는 게 중요하다고 생각한다.

2. 여행도 좋지만 중요한 일을 마치고 속 편하게

　　나중에 가도 된다고 생각한다.

1번을 선택했다면

당신은 현재에 충실한 사람일 가능성이 크다.

미래를 개척하고 진취적인 생각을 하기보다는

현실에 충실하며, 만족할 줄 아는 사람이다.

그래서 높은 수익을 바라기보다는

안정적으로 나오는 수익에 행복해하는 사람이다.

투자 성향

공격적인 투자보다는 안정적인 투자,

비교적 시간을 많이 잡아먹지 않는 투자를 선호한다.

투자 방법

'아껴서 잘살자'보다는 '현재를 즐기며 살자'라는 말을 더 좋아하므로

저축에 소홀하여 훗날 후회하는 경우가 많다.

강제로 저축을 해서 미래를 준비하는 게 좋다.

투자 상품

많은 시간과 돈을 한 곳에 사용하지 않는 투자 상품이 좋다.

시중은행 금리보다 높은 예금, 적금,

강제성이 있는 장기 연금 상품과 펀드가 투자 상품으로 적합하다.

돈 공부법

부동산, 주식 투자, 창업은 오히려 독이 되는 경우가 많다.

준비 없이 시작한 창업이나 투자로

오랫동안 공들여 모은 자산을 한번에 날리기도 한다.

투자는 보수적이고 안정적으로 진행하고

자신에게 허용된 자산의 10~20퍼센트 미만으로 투자하는 것이 좋다.

노후 자금에 대한 계획을 가지고 천천히 모아나가는 게 중요하다.

2번을 선택했다면

당신은 늘 뭔가 부족하고 아쉬운 삶의 연속일 가능성이 크다.

채워지지 않는 뭔가를 위해 열심히 찾고 노력한다.

진취적이기 때문에 미래를 위해 현재를 열심히 사는 부류다.

현재의 직업이 무엇이든 새로운 걸 갈망하고

늘 부업을 꿈꾸며, 투잡의 세계를 동경하기도 한다.

투자 성향

안정적인 투자보다는 공격적인 투자를 선호하고

시간이 많이 들더라도 수익을 추구하는 성향.

투자 방법

공격적인 투자 성향 덕분에 빠르게 자산을 불릴 수 있지만

시간과 정성을 들이지 않고 돈만 투여하는 경우에는

잦은 손실이 모여서 큰 손실을 만들거나

너무 다양한 것을 배우려는 욕심에 아는 것은 많지만 깊이가 없어

허송세월했다는 생각을 자주 할 수 있다.

그래서 다양한 투자처를 두루 섭렵하기보다는 욕심을 낮춰서

자신이 가장 잘하는 투자처를 찾아 오랫동안 실력을 쌓는 게 좋다.

투자 상품

미래를 위해 현재를 투자할 준비가 되어 있는 사람이기에

노력한 만큼 성과가 나오는 창업, 영업, 주식 투자 등에

오랜 시간 투자하는 것이 좋다.

돈 공부법

아직 확실한 무기를 가지지 못했다면 처음에는 다양하게 경험해보자.

그리고 자신의 무기를 만들 수 있는 투자처라는 확신이 들면

거기서부터 자신의 경험과 기준을 더해

시나리오를 작성해나가는 것이 좋다.

이렇듯 성향에 따라 투자 방법과 상품

그리고 시나리오를 만드는 방법은 다르지만

사람들을 오랜 시간 관찰한 결과

이 성향이 절대적이지 않다는 것도 경험했다.

8년간 주식 교육을 하며 사람의 성향은

직접 투자를 경험하기 전에는 모른다는 것을 깨달았다.

평소 안정적인 것을 추구하고 성격이 내향적인 사촌 동생이 있다.

그에게도 주식을 교육했던 적이 있는데,

나는 사촌 동생이 내향적인 성격이니

적은 금액으로 차근차근 성장할 수 있을 줄 알았다.

그러나 그는 내 판단과는 반대로

비교적 큰 금액을 아무렇지 않게 운영하였고

잠시 큰돈을 버는 것처럼 보였지만 결국 큰돈을 잃고 말았다.

반대로 적극적이고 외향적인 성격의 친척 동생은

늘 사람 만나는 것을 좋아하고, 술도 좋아하기에

한 종목에 올인하거나 대출을 끼고 주식 투자를 하지 않도록

조언해주는 것이 좋다고 생각했다.

그러나 내 예상과는 다르게

그 친구는 주식 투자를 할 때
보수적으로 접근하는 경우가 많았다.

이처럼 한 사람의 개인적인 성향이
투자자로서의 성향과 일치하는 것은 아니다.
또한 노력이나 어떤 계기를 통해 투자 성향이 바뀌는 경우도 많았다.
안정적인 사람이 이성을 잃고 공격적인 사람이 되기도 하고
공격적인 사람이 무서움을 배워 소극적인 사람이 되기도 한다.

주식으로 큰돈을 잃은 사촌 동생은
이후 주식을 할 때
누구보다 보수적이고 안정적인 투자법을 따르게 되었다.
스스로 보수적인 투자법을 하는 사람도
점차 돈을 불리는 것에 자신감이 붙게 되자
위험을 안고 더 많은 수익을 내는 공격적인
투자법으로 전향하기도 했다.

한 가지 더 재미난 사실은
일단 안정적으로 상위 3퍼센트 수준으로
돈을 버는 방법을 갖게 되면

더는 자신의 성향을 바꾸려 하지 않았다는 것이다.
보수적인 방법으로 돈을 버는 3퍼센트는
결코 적극적인 투자법을 탐하지 않았다.
적극적인 방법으로 돈을 버는 3퍼센트는
안정적인 방법으로 회귀하지 않았다.

결국 자신의 성향을 먼저 파악하여
그 성향에 맞는 투자 방식으로 투자를 시작하는 것이 필요하며
성장하면서 투자 성향이 바뀔 수 있다는 사실을 인정하고
3퍼센트 안에 들어가기 위해
시시각각 변하는 상황에 성향을 대응시키는 것이 중요하다.
그에 따라 자신만의 돈의 시나리오도 그때그때 바뀔 것이다.
훗날 성향이 어떻게 변하든
자신의 현재를 파악하는 것이 우선이기에
두 가지 성향에 따른 상황을 정리해보았다.

세 번째, 나이.
대부분 어린 나이일수록
길게 보는 투자 상품을 공부해야 한다고 말한다.
하지만 나는 정확히 반대로 말하고 싶다.

젊을수록 짧은 기간에 결과가 나오는 투자 상품을,
나이가 들수록 길게 보는 투자 상품을 공부해야 한다.

전자일수록
High risk high return(높은 위험에 많은 보상)일 확률이 높고
후자일수록
Low risk low return(낮은 위험에 적은 보상)일 확률이 높기 때문이다.
투자는 늘 실패를 염두에 두어야 하는데
젊으면 실패해도 다시 일어설 확률이 높지만
나이가 들면 여러 가지 제약으로
다시 일어선다는 것이 쉽지 않다.

만약 나이가 들어
어설픈 실력으로 전 재산을 날려버린다면
생각보다 많은 사람에게 피해를 준다.
따라서 나이가 들수록 위험은 최대한 줄이고
오랜 준비 기간을 거쳐 투자를 진행하는 것이 유리하다.
나이가 어릴 때는 시간이라는 자원이 풍족하다.
이 자산을 단순히 안정 지향적인 투자에 소모하는 것은
여러 가지 의미로 큰 낭비일 수밖에 없다.

그렇기에 자신의 풍족한 시간을
큰 부를 안겨줄 투자 방법을 개발하는 데 사용해야 한다.

간혹 교수님들의 요청으로 모교에서 강연하는 때도 있다.
그때마다 나는 취업 준비와 공무원 시험도 좋지만
지금 당장 부동산이든, 창업이든, 주식이든
직접 공부하고 가능하다면 소액이라도
직접 투자를 해보라고 조언한다.
그 과정을 통해 투자 상품에 대한 감을 익히고
자기에게 맞는 투자 방법을 개발하는 것은
오직 어린 나이만이 가질 수 있는
특권 중의 하나이기 때문이다.
나이가 들수록 새로운 투자 방법을 개발하기보다는
자신에게 어울리는 단 한 가지의 무기를 찾아야 한다.

20~30대부터 돈을 공부하며 성장했다면
40대에는 자신에게 가장 잘 어울리는 무기 한 가지에 집중하자.
50대가 넘어가면 안전한 투자 방식을 제외하고는
공부하는 데 초점을 맞추자.

실패가 비교적 두렵지 않은 시기에는
실패하더라도 배움을 얻을 수 있는 투자물을,
실패가 무겁게 다가오는 시기에는
실패할 확률이 적은 투자물을 공부하는 것이 좋다.

네 번째, 돈의 크기.
많은 사람이 돈의 크기가 투자와 직결된다고 생각한다.
돈이 많을수록 많은 돈을 벌 수 있고
돈이 적으면 할 수 있는 일이 없다고 입을 모은다.

그런 사람들이 입버릇처럼 하는 말은
돈이 돈을 번다는 말이다.
투자자로서 투자 격언 중 가장 잘못된 말을 꼽으라면
나는 주저 없이 이 말을 꼽는다.
물론 많은 돈이 있다는 것은
더 많은 돈을 벌 자격이 있다는 것이다.
투자를 통해 10퍼센트의 이익을 얻었을 때
1000만 원이 있다면 100만 원의 이익을 얻을 것이고
1억 원이 있다면 1000만 원의 이익을 얻을 수 있을 것이다.
하지만 많은 돈이 있다는 것은

손해 역시 클 수밖에 없음을 의미한다.

10퍼센트의 손실이 난다면

1000만 원이 있는 사람은 100만 원의 손실로 끝이 나지만

1억 원이 있는 사람은 1000만 원의 손실을 보게 되는 것이다.

결국 중요한 것은 내가 가진 돈의 크기가 아니라

10퍼센트의 수익을 만들 수 있는

투자법, 즉 시나리오가 있느냐 없느냐인 것이다.

다행히도 투자 실력과 성과를 만드는 힘은

결코 자본의 크기에서 나오지 않는다.

오히려 적은 돈을 가진 사람이 많은 돈을 가진 사람보다 더 빨리

수익을 얻을 수 있는 투자법을 익히는 경우가 많다.

같은 시간을 쓴다면 투자하는 법을 배우기 위해서는

적은 돈으로 많은 투자 경험을 쌓아야 하는데

큰돈을 가진 사람일수록

적은 돈으로 투자를 시작하기 쉽지 않을뿐더러

그 돈으로 손실이 나더라도 별로 아프지 않다.

그래서 적은 돈으로 조금의 수익이 나기라도 하면

바로 본격적인 투자에 뛰어들어 큰 손실로 끝이 날 가능성이 크다.

반면 적은 돈을 가진 사람은 어쩔 수 없이 적은 돈으로 시작한다.
손실이 났을 때의 아픔도 가진 자산이 적기에 더욱 크게 와닿는다.
좀 더 절실히 경험할 수 있는 것이다.
그런 경험들이 오히려 성장을 더 빨리 촉진한다.

자기를 죽이지 못한 모든 고통은
결국 자신을 성장시킨다는 니체의 말처럼
적은 돈을 가진 이가 성장을 위해
좀 더 큰 고통을 느낄 확률이 높은 것이다.

결국 당신이 가진 돈이 많다고 해서 자만할 이유도
적다고 해서 절망할 이유도 없다.
많은 돈을 가졌다면 늘 자신이 가진 돈의 크기를 경계해야 한다.
적은 돈을 가지고 있다면
그 상황과 돈에 대한 감정이 오히려
성장의 재료가 될 수 있음을 생각하고
더 큰 돈을 벌기 위한 연습과 경험을 지금부터 쌓아나가야 한다.

이렇듯 환경과 성향, 나이와 돈에 따라
돈의 시나리오를 만들어가기 위해

해야 하는 행동은 각기 다르다.

여러 요소와 상황을 조합하여 상담하다 보면

대부분 어느 정도 선까지는 해결책을 제시할 수 있지만

모든 요소가 투자하기에 최악으로 구성된 경우도 물론 있다.

가령 결혼을 했는데

생활비와 자식들의 사교육비를 충당하기 위해서

밤낮없이 일하여 시간은 없고,

투자는 잃는 두려움이 너무 커 시작도 못하며

나이는 이미 50대를 바라보고 모은 돈도 없는 사람도 있을 것이다.

이런 상황에서는 어떻게 해야 할까?

그냥 투자를 포기해야 할까?

시나리오 집필을 접어야만 할까?

그런 사람을 위해 내가 상담한 한 분의 이야기를 들려주겠다.

이분은 60대의 나이로 아파트 경비원으로 일했는데,

처음에 나를 찾아와 교육을 신청했을 때 나는 거절했다.

이분에겐 잉여 자금도 거의 없었고 모아둔 자산도 없었기 때문이다.

다행인 것은 작은 주택을 보유하고 있었고

그 덕분에 자녀에게 손을 내밀고 있지는 않았다.

교육비가 저렴하지 않았고,

교육을 듣고도 올바르게 공부하지 않아서

가지고 있던 주택마저 날려버리거나

실력이 없는데도, 담보 대출을 해서

투자 원금을 높일 수도 있을 거라는 걱정에 거절했다.

(그런 사례를 너무 많이 봤다.)

그때 이분은 나에게 이런 말을 했다.

"대표님, 저는 부자 되려는 욕심은 없어요.

그저 좋은 부모를 만나지 못해 제대로 공부도 못 해보고

지금 힘들게 일하는 내 자식들에게

좋은 지식과 경험을 전해주고 싶어요.

이것이 내가 할 수 있는 최선인 것 같습니다."

내가 아주 오래전에 작성한 '부자 노트를 쓰는 이유'라는

칼럼을 읽고 이렇게 마음을 먹었다고 한다.

나는 15년간 매매 일지와 투자 노트를 작성했고

이를 부자 노트라 불렀다.

칼럼에서는 내가 훗날 내 자식들에게 유산으로 물려주기 위해

부자 노트를 쓰고 있다는 내용을 썼다.

결국 이분은 교육을 들었고

소액으로 1년간 매매를 진행하며 성장했다.

그는 매년 스승의 날이 되면 나에게 안부를 전하는데,

연락할 때마다 매매 일지를 보내며

지난 5년간 자신이 올바르게 매매하고 있음을 알려줬다.

최근에는 매달 한 번씩 자녀들을 불러놓고

주식을 함께 공부하면서

매월 곗돈처럼 30만 원씩 모아 투자를 이어간다고 했다.

이분을 보고 깨달았다.

모든 상황에는 그 상황에 맞는 투자 행동이 존재한다고.

설사 그것이 지금의 자신이 아닌

미래의 자식들을 위한 것일지라도

그 과정은 충분히 의미가 있음을 말이다.

그렇기에 자기의 현재를 파악해 투자 공부를 하고

자기만의 투자 시나리오를 완성해나가는 것은

이유를 불문하고, 상황을 불문하고, 자격을 불문하고

가장 가치 있는 일 중 하나라는 것을 말이다.

낭신 역시 이 장을 통해

당신의 상황을 파악하고 거기서부터

시나리오를 만드는 한 걸음 한 걸음을 시작하길 바란다.

시나리오를 평가하는
네 가지 기준

자기만의 목표를 세우고 이를 이루기 위해 자기 상황을 분석하면
구체적으로 자신이 어떤 분야에 투자해야 하는지
어떤 투자물을 공부해야 하는지 감을 잡을 수 있다.
그리고 이런 공부를 지속해서 하다 보면
결국 자신만의 돈의 계획, 시나리오를 만들 수 있다.

여러 투자 방법을 조합하여 하나의 목표를 달성하는
복합 시나리오가 될 수도 있고
하나의 투자 상품을 시기별로 다르게 운영하는
단일 시나리오도 될 수 있다.

그렇게 당신만의 시나리오를 만들 수 있게 되었다면
이때 물어봐야 할 질문은 하나다.
나의 시나리오가 과연 모든 상황에
최적화되어 있는가?

동학 개미 운동을 다시 살펴보자.
동학 개미 운동이라는 이슈를 시작으로
꽤 많은 사람이 위기를 기회로 보고 활용하였다.
그러나 그 사람들이 스스로 만족할 만큼 수익을 봤을까?
아마 대부분은 수익을 봐도 적게 사서
혹은 매도 이후 더 올라서 아쉬워할 것이고,
달콤한 결과에 취해 큰돈을 넣었다가 그 돈을 어찌할지 몰라서
혹은 큰 손실로 이어져 답답해하는 일도 있을 것이다.
자신만의 시나리오로 투자를 진행한 것이 아니라
시간과 정성 없이 그냥 돈만 투여했기 때문에 나오는 현상이다.

그럼 도대체 옳은 시나리오의 기준은 무엇일까?
나는 시나리오가 완성되기까지
크게 네 가지 기준을 가지고 평가한다.
객관성, 논리성, 수익성, 지속성이 그것이다.

실제로 이 네 가지 기준을 통해서

지금 사용하고 있는 시나리오를 모두 만들었으며

새로운 투자 아이디어도

그것이 창업이든, 부동산이든, 주식이든 이 기준으로 검증한다.

지금부터 소개할 네 가지는

당신이 어떠한 투자 시나리오를 세우든

스스로 검증할 수 있는 좋은 기준이 될 것이라 확신한다.

저금리가 지속되고 많은 사람이 주식 투자에 관심이 있으니

주식 투자를 예로 들어 쉽게 설명해보겠다.

첫 번째, 객관성.

돈의 시나리오를 평가할 때

나의 기준이 얼마나 객관적인지 평가하는 과정이다.

우리가 흔히 얘기하는 객관성과 주관성의 차이를 살펴보자.

'A라는 주식이 싸다'는 말과

'A라는 주식이 과거 2만 원 대비 지금 1만 원이니까 싸다'는 말 중

어떤 것이 더 객관적인가?

당연히 후자의 말이 더 객관적이다.

'과거와 지금' 그리고 '2만 원과 1만 원'이라는 표현이
객관성을 높여주었다.

주관성은 평가 대상에
내 가치관이나 생각 따위가 들어가 있는 것이다.
객관성은 평가 대상에
내 가치관이나 생각을 배제하고 대상의 본질에만 집중하는 것이다.
시간과 가격은 본질이 변하지 않는 요소이기 때문에
객관성에서 중요한 요소가 된다.

기억하자.
나만 느끼고, 나만 판단하고 있는 것이라면
기준이라 표현하기보다는 감각이라고 표현하는 것이 맞다.
물론 이런 감각이 뛰어난 사람이 간혹 있다.
그러나 그들 역시 오랜 시간과 정성을 통하여
반복된 훈련으로 얻은 감각일 가능성이 크다.

문제는 오랜 시간 투자는 하였으나 아무런 고민을 하지 않는데
어쩌다 생겨버린 감각이다.
아무런 시나리오 없이 물타기를 반복해서 이익을 얻거나

운이 좋아 몇 번 수익을 올리면서 만들어진 감각은 정말 위험하다.

그들은 투자자의 감각이라 말하지만

나는 투자자의 아집이라 표현한다.

마치 도박장에 가는 길에 고양이를 보면 그날은 돈을 번다는 식의

도박사의 오류와 다를 바가 없는 것이다.

그런 사람일수록 투자 시나리오는

주관적이고 작위적이며 비상식적이다.

투자에서 아집은 가장 나쁜 습관이다.

아집의 끝에는 반드시 큰 손실이 자리잡고 있기 때문이다.

따라서 자신만의 돈의 시나리오를 만들었다면

그 시나리오의 모든 것은 반드시 객관적이어야 한다.

두 번째, 논리성.

논리성은 객관성을 기반으로 한다.

수치화된 시나리오가 얼마나

설득력이 있는지를 결정하는 것이 논리성이다.

우선 자신의 시나리오에 스스로 설득되어야 하며

내가 아닌 다른 이에게 시나리오를 말했을 때

최소한 80퍼센트 이상은 고개를 끄덕여야 한다.

'A라는 주식이 과거 2만 원 대비 지금 1만 원이니까 싸다'는 말은
객관성은 있지만 논리성이 부족하다.

그렇다면 어떤 것이 논리성이 좋은 것인가?

코스닥 지수가 50퍼센트 내렸고

지수가 회복되면 높은 확률로 따라 올라올 수 있으니

안전하게 코스닥 종목 중에서 가장 덩치가 큰

시가총액 상위 10위권 안에 있는

각자 업종이 다른 종목 A와 B와 C를 매수하겠다.

매수는 한 번에 하기보다는 세 번에 나눠서 하고

매도도 30퍼센트, 50퍼센트, 70퍼센트 세 번에 나누어 실행하겠다는

시나리오를 만들어 설명한다면 훨씬 더 논리적이게 된다.

위의 시나리오는 『돈 공부는 처음이라』에서 공개한

책의 내용을 발전시켜 독자가 실제로 설계한 시나리오다.

그는 내가 공개한 내용에 자신만의 공부를 덧붙여

자기만의 돈의 시나리오를 만들었다.

나는 이 독자의 시나리오에 고개를 끄덕였다.

나 역시 2020년 3월 19일에 수천 명이 보는

와중에 거의 비슷한 기준을 가지고 사람들을 설득했으며

10년간 주식으로 벌었던 돈 대부분을 투입하였다.
결론적으론 두 시나리오 모두 수익을 안겨주었다.

여기서 중요한 것은 각자의 성향과 환경이 달랐기에
각자의 시나리오에는
서로 다른 내용이 담겨 있었다는 것이다.
그렇기에 둘 다 같은 시기에 같은 소재로
시나리오를 세웠으나 얻어 가는 수익은 달랐다.
나는 짧은 기간 동안 큰돈을 투자해 수익을 얻었고,
그 독자는 비교적 긴 기간 동안 적은 돈을 투자해 수익을 얻었다.
누가 더 많은 이익을 얻었는지는 중요하지 않다.

중요한 것은 둘 다 객관성과 논리성을 모두 만족할 만한
시나리오를 만들 만큼 그리고 행동할 수 있을 만큼
성장해 있었다는 것이다.
각자 시나리오를 만들고 나서는
반드시 주위 가족, 친인척 혹은 친구에게 공유해보자.
그들이 설득당한다면 꽤 근사한
당신만의 시나리오가 완성되었다고할 수 있다.

세 번째, 수익성.

아무리 객관적이고 논리적인 방법도

수익성이 보장되지 않으면 아무런 의미가 없다.

보수적인 성향의 사람들은 적은 수익률을 추구하며

위험을 최대한 없애려고 할 것이고

공격적인 성향의 사람들은

큰 수익률을 추구하며 위험을 감내할 것이다.

어떤 투자 상품에 투자하든

각 상품에 위험은 반드시 존재한다.

내가 수익성의 높낮이를 평가할 때

대부분의 투자처에 공통적으로 사용하는 기준이 있다.

오랜 투자 활동을 하면서 나에게 가장 많은 도움을 준 기준이다.

투자물이 가지고 있는 크기를 뜻하는 이것을

나는 '덩치'라고 표현한다.

덩치가 크면 위험이 적고 수익률이 낮다.

덩치가 작으면 위험이 크고 수익률이 높다.

왜 덩치가 크면 안전한지 그 이유도 지극히 상식적이다.

동내 슈퍼마켓이 망할 확률이 높은지

이마트가 망할 확률이 높은지를 생각해보면 된다.

주식에서 덩치는 시가총액을 뜻한다.

기업의 크기가 클수록 망할 확률은 줄어든다.

위험성이 낮으므로 비교적 수익률은 낮다.

물론 단기간 주가가 급등하며

시가총액이 높아지는 경우가 있기 때문에

최근 3년간의 평균을 고려한다.

단기매매 프로 트레이너들과

수익률 게임을 하는 투자 대회에서 입상한 프로 투자자들은

특별한 경우를 제외하고는

우리가 흔히 알고 있는 우량주에 투자하는 경우는 거의 없다.

대부분이 태어나 처음 듣는 기업에 투자하여

높은 수익률을 만들어내는 경우가 훨씬 더 많다.

대신 그만큼 위험성이 높다.

반대로 가치 투자를 하거나

직장을 다니며 적금처럼 투자하는 사람들도 있다.

대부분 삼성전자나 SK하이닉스, 현대차, 카카오, 네이버 등의

국내 대기업이나 스타벅스, 맥도날드, 구글 등

비교적 덩치가 큰 미국 기업에 투자하는 예도 많다.
수익률 게임을 할 수 있는 정도는 아니지만
위험성이 낮은 안정적인 수익을 추구한다.

펀드에서 덩치는 설정액을 뜻한다.
펀드에 모여 있는 자금의 크기다.
그래서 덩치가 크면 클수록
평균적으로 위험이 적고, 수익률도 적다.
수익률 상위 포지션에 있는 펀드는
설정액이 평균치보다 적은 경우가 많다.

펀드 설정액이 5000억 원이라고 한다면
단일 투자물에 투자하기엔 금액이 너무 크기에
여러 산업에 분산 투자하는 경우가 많다.
그렇게 하다 보면 결국 지수를 추종하게 되고
위험이 줄어드는 대신 수익도 줄어든다.

반대로 펀드 상위 수익률을 검색해보면
늘 80~90퍼센트 이상은 설정액이 50억 원 부근인 경우가 많다.
비교적 적은 금액을 집중 투자하는 방식이기에

투자하는 산업 분야가 하나인 경우가 대부분이다.

따라서 그 분야가 지수에 상관없이 호재를 맞으면

큰 이익을 얻게 되지만

반대로 지수가 오르더라도 악재를 맞으면 큰 손실을 보게 된다.

창업에서 덩치는 '창업 비용'이다.

10억 원으로 창업을 시작하는 것과

0원으로 창업을 시작하는 것의 위험성 차이는 엄청나다.

10억 원으로 창업을 시작하면

좋은 위치에서 좋은 아이템으로 하면 된다.

사실 가장 쉬운 방법이다.

유동 인구가 많은 지역에 높은 권리금을 지급하고 시작하면

비교적 적은 노력으로 안정적인 수익을 올릴 수 있다.

물론 '비교적 적은 노력'이라는 것을 노력하지 않아도 된다고

해석하는 우를 범하지는 말자.

반대로 0원으로 창업을 하는 스마트 스토어는

매일 수천 명이 시작하고, 수천 명이 망하는 공간이다.

0원에서 시작했으니 망할 확률이 엄청 높다.

지금 당장 당신이 스마트 스토어를 연다면
망할 확률이 97퍼센트에 가까운 일을 시작했다는 것을,
그래서 엄청난 노력이 필요하다는 사실을 인지해야 한다.

부동산에서 덩치는 '가격'이다.
최근 꼬마빌딩에 대한 수요가 상당히 높다.
작은 건물이나 원룸 다세대 주택과 같은 공간이다.
베이비붐 세대의 은퇴 자금, 퇴직 자금이 시장에 나오고
노후 준비에 대한 불안감이 커지면서 생긴 현상이다.

이런 빌딩을 판매하기 위해서
'연수익률 ○○퍼센트'라는 문구로 광고하는 경우가 많다.
덩치가 큰 50억~100억 원대 건물의 수익률은
평균적으로 4~8퍼센트 정도다.
두 자릿수 수익률을 기대하긴 힘들다.

그렇다면 100억 원짜리 건물을 보유하는 것보다
10억 원짜리 건물 10개를 보유하는 것이
수익률을 높이는 방법일까?
덩치가 크면 위험성이 낮은 만큼 수익률도 낮고

덩치가 작으면 위험성이 높은 만큼 수익률도 높다고 하였다.

덩치가 큰 건물은 대부분 좋은 위치에 자리잡은 경우가 많다.

그래서 공실률이 적고, 가격 하락의 위험이 적다.

반대로 10억 원짜리 건물은 위치가 그렇게 좋지 못하거나

위치가 좋다면 임대를 낼 수 있는 공간이

하나밖에 없는 경우가 많다.

임대를 낼 수 있는 공간이 하나뿐이라면

공실이 생길 때 수익은 0원이 되고 실제 손익은 마이너스가 된다.

위험이 급격히 커지는 것이다.

지방에 있는 오래된 원룸과 다세대 주택이라면

자칫 잘못하다간 구매 이후 급속히 세입자가 빠져나가

세입자를 구하는 비용과 더불어

방의 상태를 유지하는 비용으로 인해

3년 안에 수익률이 급감하여

매도조차 어려운 상황에 처하기도 한다.

실제로 퇴직 자금에 대출까지 받아 원룸을 구매했는데

처음에는 부동산에서 제시한 수익률이 나왔지만

점차 수익률이 줄어서 지금은 매도도 관리도 안 되어

힘든 시기를 보내는 분들을 많이 봤다.

그렇기에 어느 것이 옳은 투자인지 쉽게 결론 낼 수 없다.

중요한 것은 투자에서

수익률과 안정성은 언제나 반비례 그래프를 그린다는 사실이다.

큰 파티일수록 다음 날에 숙취는 심해지는 법이다.

우리가 계속해서 돈 공부를 하는 이유도

그 반비례의 곡선에서 자기만의 무기를 개발하여

변곡점을 찾아내는 것, 즉 적은 비용으로 많은 수익률을 올리되

위험성을 줄일 방법을 찾기 위함이다.

그리하여 자신이 쏟을 수 있는 시간과 정성

그리고 만족할 수 있는 수익률을 스스로 판단하는 것.

이것을 돈의 시나리오를 만들 때

가장 중요하게 생각해야 한다.

네 번째, 지속성.

시나리오에 지속성이 있다는 것은

일시적인 상황에서만 적용되는 게 아니라

장기적으로 반복 운영되어

꾸준한 수익을 안겨줄 수 있다는 뜻이다.

어렵게 만든 시나리오가

단 한 번의 필살기로 끝나버리면 결코 좋은 방법은 아니다.

따라서 좋은 시나리오를 구상했다 하더라도

수익이 일회성이거나 단기성인지

다발성이거나 지속 가능한 것인지 구분할 수 있어야 한다.

앞서 언급한 원룸 상담에 관한 이야기를 예로 들어보자.

여기에는 두 명의 투자자가 나온다.

원룸 빌딩 판매자와 원룸 빌딩 구매자다.

이 둘은 각자 다른 시나리오를 그렸을 것이다.

원룸을 구매했던 사람은 노후 자금을 준비하기 위해

장기적으로 수익을 얻을 수 있을 거라 예상하며 구매했을 것이다.

반대로 그 원룸을 지어서 팔았던 사람은

단기간에 수익을 보고 빠르게 판매하는 것이 목적이었을 것이다.

판매했던 사람은 자신의 시나리오에 맞는

판매 전략으로 수익을 남겼다.

반면 구매했던 사람은 오랫동안 수익이 발생하리라는

예측에 합리적인 이유가 부족하였기 때문에

오류가 발생했고, 결국 손실로 이어졌다.

만약 구매했던 사람이 지속성을 조금 더 고민했다면

실제로 임장을 나가서

10~20년 된 주변 원룸들의

현재 시세와 상태, 공실률을 확인하고,

이를 근거로 더욱 현명하게 투자를 진행했을 것이다.

부동산과 관련된 일을 6년이나 했지만

나의 첫 돈 공부 대상을 주식 투자로 삼았던 이유는

크게 세 가지다.

첫 번째는 나의 자금력이 너무 작았고

두 번째는 부동산이 나의 성향과 맞지 않았으며

세 번째가 지속성 때문이었다.

나는 부동산에 관심을 가지면서부터

지난 20년간 두 번의 사이클을 경험하였다.

처음 내가 부동산 일을 배울 때는 아무도 부동산에 관심이 없었다.

그러다 2005년부터 2008년까지 대구의 부동산 가격이 급등하였다.

지금처럼 청약에 관심이 몰리고,

부동산에 관련된 책이 무수히 쏟아졌다.

많은 카페가 생겼고 (당시에는 다음과 싸이월드)

카페의 운영자들은 강연을 다니기 시작했다.

그러다가 서브프라임 금융 위기가 왔다.

이후 5년간은 대부분이

부동산에 큰 관심을 두지 않았다.

집값이 내려가기 시작하여 오랫동안 회복하지 못하였다.

부동산 암흑기였던 이 시기에 나는 부동산 투자로

지속적인 수익을 얻을 수 없다고 판단했다.

누군가는 오른 곳도 많다고 말할 수 있지만

그들은 부동산을 업으로 삼는 전문가들이거나

2008년 이후 부동산 투자를 시작했던 사람일 가능성이 크다.

최근 내가 만나본 실전 부동산 투자자 중에서도

암흑기에 이익을 얻은 사람들이 있다.

그러나 그들도 부동산은 암흑기가 존재한다는 것을 인정했다.

그래서 하락기와 암흑기가 오기 전에

최대한 많은 강연과 다양한 매체와 협력하여

수익을 지속하려고 준비하고 있다.

부동산 수익의 지속성을 얻기 위해 각자의 시나리오를

지금도 써 내려가는 중이다.

2019년 2월 나의 첫 책이 출판될 당시 서점에는

부동산 청약에 관련된 책이 진열되었고

내가 직전 사이클에서 봤던 환경과

거의 흡사한 패턴으로 진행되고 있었다.

보통 부동산 상승기의 사이클에서

출판되는 부동산 관련 책의 패턴은 다음과 같다.

시세 초입기 = 경매에 관련된 책 (수십억 수백억 자산가 이야기)

시세 상승기 = 갭 투자에 관련된 책 (아파트 몇십 채 보유한 이야기)

시세 후반기 = 청약과 관련된 책 (청약하는 방법에 관한 이야기)

그리고 상승 사이클이 끝나면

언제 그랬냐는 듯 조용해졌다.

이후 몇 년의 공백기를 가진다.

사이클을 이해하게 되자

지속성에 대한 문제를 채워줄 나만의 무기가 필요했다.

그때 나는 부동산 전문가가 되겠다는 생각은 없었다.

당시 나의 성향으로는 많은 사람을 만나며 임장을 다니고

지방에서 서울을 왕복하며 공부하여

부동산 투자만으로 수익을 얻을 수 있는 고수가 될 자신이 없었다.

부동산 투자를 한다고 해도 암흑기에 필요한 수익 지속성을 위해

강연이나, 집필, 회원 모집을 하는 일은

내겐 맞지 않는 일이라 생각했기 때문이다.

그런 이유로 나는 주식 투자자가 되었다.

만약 내가 꽤 안정적인 소득을 올리는 직장인이며

수도권에 거주하여 사이클을 무시할 만큼의

실력을 키울 수 있는 환경에 있었다면

아마 지금 부동산 투자자로 활동하면서

투자와 강의를 했을 수도 있다.

그러나 당시의 나는 내가 처한 환경으로 (지방에 사는 대학생의 신분)

사이클의 영향을 벗어날 수 있는

고수의 영역에 들어가기에는 실력이 부족했다.

이를 빠르게 인정하고 지속성 문제를 해결하려 고민했기에

다른 투자 수단을 찾는 게 바람직하다고 여겼던 것이다.

물론 지금은 시대가 변하고 내 환경도 달라졌기에

다음 부동산 사이클이 오면 활용하기 위해 많은 공부를 하고 있다.

이에 대한 이야기는 뒤에 지수를 활용한 실전 시나리오를

소개하는 부분에서 자세히 다뤄보겠다.

주식 투자에도 암흑기가 없는 것은 아니다.

어떤 전략을 시나리오로 만드느냐에 따라

주식도 얼마든지 그 시나리오를 쓸 수 없는

암흑기는 존재할 수 있다.

그래서 자신이 만든 시나리오가 얼마나 빈번하게 그리고

얼마나 오랫동안 지속할 것인지 고민해봐야 한다.

예를 들어 매일 매매가 가능하고

수익이 날 확률이 70퍼센트인 매매 방법과

1년에 한 번 매매가 가능하고

수익이 날 확률이 90퍼센트인 매매 방법이 있다면

전자를 공부하는 게 좋다.

매매 횟수가 늘어나면 그만큼 빠르게 원금이 높아지기 때문이다.

물론 그래서 매일 매매가 가능한 방법을 익히고

공부하는 게 후자보다 훨씬 힘들다.

매매 횟수가 많은 방법일수록 변수가 많기에

오랜 기간을 연습하고 검증해야 하기 때문이다.

반면 가치 투자나 한 달에 한 번

혹은 몇 개월에 한 번만 투자해서

수익을 올리는 매매 방법은 비교적 적은 노력으로 익힐 수 있다.

따라서 주식 전업 투자자의 경우에는

주식이라는 투자물 하나를 이용해 지속성을 갖추어야 하고

전업으로 주식 투자를 할 수 없는 환경이라면

주식과 다른 여러 가지 투자물을 결합하여 지속성을 갖추어야 한다.

1년에 한 번 쓸 수 있는 비교적 익히기 쉬운

투자 방법을 여럿 가지고 있다면

그 조합을 통해서도 충분히 지속성은 나올 수 있기 때문이다.

가령, 1년에 한 번만 투자해서 수익을 올릴 수 있는

매매 방법을 한 축으로

주식 비수기엔 창업이나 영업 등에 투자하여

지속적인 수익을 얻을 수 있을 것이다.

여기서 얻은 수익을 다시 1년에 한 번 주식 투자를 통해 극대화하고

다시 그 자금으로 더 많은 창업을 해서

자신만의 자금 확대를 이어나갈 수 있을 것이다.

이야기를 계속 이어나가 보자.

지속성은 창업을 할 때도 반드시 고려해야 한다.

내가 판매하려는 아이템이 일시적인지, 지속 가능한지에 따라서
시나리오가 완전히 달라지기 때문이다.

인터넷에서 물건을 판매한다고 생각해보자.
지금 유행하는 마스크와 손 세정제를 판매하기로 마음을 먹었다.
이런 아이템은 초기에 물량 공급이 적을 때는 마진율이 높지만
유행이 퍼지고 공급이 충분해지면 점차 싼 물건들이 나와
가격 경쟁에서 밀리는 경우가 많다.
그래서 일시적, 단발적으로 판매한다는 전략을 세워야 한다.
이런 아이템을 판매하기 위해 가장 적합한 곳은
비용이 거의 들지 않는 오픈마켓 혹은 스마트 스토어다.
빠르게 진입하고 유행이 시들면 다른 아이템을 팔면 된다.

당신이 최근 인터넷으로 마스크를 구매했다고 하자.
구매한 곳의 이름을 기억하겠는가?
아마 그러지 못할 가능성이 크다.
그러니 그런 곳에 브랜딩을 구축하려고
비용과 시간을 쓸 필요가 없기에
최대한 빠르게 진입하고 철수하는 시나리오를 만드는 게 좋다.
(쿠팡, 옥션, G마켓 등은 판매자 마켓의 이름이 아니라 오픈마켓 이름이다.)

반대로 당신이 만약 집에서 만드는
다이어트 샐러드를 판매한다고 가정하자.
오랫동안 꾸준히 판매한다는 전략을 쓰고 있다면
처음 오픈할 때부터 기억에 남는 가게 이름을 정해야 하고
전체적인 브랜드와 콘셉트를 고려하여
SNS나 블로그 채널 등을 통해 마케팅 전략을 세워야 한다.

이처럼 자신이 판매할 아이템에 대한 지속성의 여부에 따라서
자신의 시나리오가 완전히 변하기 때문에 창업에서도
지속성은 아주 큰 기준이 된다.

지속성에 관해 마지막으로 고려해야 하는 사항은
당신의 환경과 성향이다.
내가 부동산 투자보다 주식 투자를 선택하게 된 이유는
처한 환경 때문이라 하였다.

주식 투자에서도 이러한 요소는 동일하게 적용된다.
시나리오를 짤 때 높은 수익률을 얻기 위해서는
많은 시간이 필요하고
낮은 수익률로 만족한다면 상대적으로 적은 시간이 필요하다.

그렇다면 바쁜 직장인들이
매일 아침 8시 30분부터 10시까지 시장에 참여해야 하는
매매 방법을 배우면 과연 얼마나 오래 지속할 수 있을까?
명확한 기준없이 그저 돈을 벌려고 접근한다면
대부분 3개월 안에 포기할 가능성이 크다.

또한 성향의 차이도 고려하는 것이 좋다.
남들보다 잦은 매매로 부동산 투자에 성공한
사람들의 성향은 대부분 외향적인 경우가 많다.

각 지역에 임장을 돌아다니며 태어나 처음 보는 사람에게
시세에 관해 물어봐야 하고,
경매할 때 모르는 사람에게 소송을 걸거나 내용증명을 보내고
설정된 권리를 해결해야 하는 경우도 많다.
자신의 성향이 밖으로 다니는 것을 싫어하고
사람을 상대하거나 모르는 사람에게 찾아가
도움을 청하는 일에 익숙하지 않으면
부동산 경매 공부를 이론적으로 할 수 있을지는 몰라도
현실에 적용하기는 힘들 수 있다.

주식 투자 역시 성향에 따라서 추구하는 방식이 다른 경우가 많다.
잦은 매매와 손실에 대해 비교적 무덤덤한 사람이 있는 반면
잦은 매매와 손실에 대해 스트레스를 많이 받는 성향도 있다.
전자라면 단기 투자를 공부하는 것이 유리하고
후자라면 장기 투자를 공부하는 것이 유리하다.

요약하자면 당신의 모든 시나리오는
기본적으로 지속 가능한 것을 지향해야 한다.
하나의 시나리오가 지속 가능한 형태가 될 수도 있고
여러 개의 시나리오를 합쳐서 그런 형태를 만들 수도 있다.
각각의 시나리오는 지속성 여부에 따라 전략이 달라질 수 있으며
무엇보다 자기 성향과 시나리오 특성을 잘 결합하여야 한다.

지금까지의 이야기를 정리해보자.
시나리오는 객관적으로 판단할 수 있는 수치로 정리되어야 한다.
이를 통해 주관이 가진 위험으로부터
시나리오를 보호할 수 있게 된다.
시나리오는 논리적이어야 한다.
자신이 만든 시나리오는 최소한 자신을 설득할 수 있어야 하며
당신 주변의 80퍼센트가 이해할 만한 것들이어야 한다.

시나리오는 수익성이 담보되어야 한다.

시나리오는 결국 돈을 벌기 위한 것임을 잊지 말아야 한다.

논리적이고 객관적이라 하더라도

일정한 수익을 담보하지 못한다면

결코 부자로 만들어주지 못한다.

시나리오는 지속 가능해야 한다.

특정 시기에만 쓸 수 있는 시나리오 여러 가지를 조합하든

반복해서 써도 괜찮은 하나의 시나리오를 만들든

시나리오는 결코 멈추어서는 안 된다.

이 과정을 통해

'과거 지수가 폭락했을 때 주식을 사뒀으면 좋았을 걸'

이라며 늘 지나고 나서 부러워만 했던 당신의 생각이

'지수가 반토막이 나면 대부분 회복하였다.'

'시가총액 10위권 안에 있는

서로 다른 업종을 매수해서 위험성을 낮추자.'

'네다섯 종목을 매수하고 세 번에 나눠서 매수하자.'

'매수 이후에는 수익이 나면

30퍼센트, 50퍼센트, 70퍼센트에서 분할로 매도하자.'

라는 형태의 구체적인 계획으로 바뀌게 된다.

이 과정에 당신이 갖고 싶어하는 영원한 돈의 모든 것이 들어 있다.
자신의 시나리오가 네 가지 조건을 모두 갖추었다면
마지막으로 검증을 통해 최종 검수를 진행해야 한다.
검증한다는 것은 자신의 시나리오를
끊임없이 살펴보고 분석하고 뜯어보며
혹시라도 발견하지 못한 오류나
혹시라도 놓쳤던 변수를 찾아낸다는 것이다.

보통 한 권의 책이 완성되기 전까지
평균적으로 완성된 초고의 내용을 열 번 이상 다시 읽는다.
읽고 또 읽으면서 이 책의 허점을, 오타를, 잘못된 지식을
발견하려 노력하는 것이다.

개인적으로 책을 쓰는 과정에서
내가 가장 하기 싫은 단계가 이것이다.
이만하면 충분하다는 생각과
부끄럽지 않아야 한다는 욕심이 끊임없이 싸우는 단계다.
과정은 지겹고, 성과는 보이지 않으며

시간 낭비란 생각마저 든다.
그런데도 이 과정을 거쳐야 하는 이유는
그래야만 스스로 당당할 수 있는 이야기를
세상에 보일 수 있기 때문이다.

내가 투자 시나리오를 철저하게 검증하는 이유도
검증을 거쳐야 시나리오에 대한 확신으로 이어지기 때문이다.
확신을 얻어야 하는 이유도 아주 단순하다.
스스로 실행하기 위함이다.

3월 19일 코스피 지수가 반토막에 가까워지던 날
아직 완전한 반토막은 아니지만
그날 내가 가진 모든 자산을 내 시나리오에 맞춰 투자했다.
지난 10년간 벌었던 돈이다.
그날 나는 지난 10년의 내 역사와
앞으로 10년의 내 미래마저 모두 투자했다.
내가 가진 채널을 통해 사람들에게 이 사실을 알렸다.
많은 투자 관련 대표님들에게서 연락을 받았고
자신의 방송이나 강연에 와달라는 요청을 받았다.
시간이 지나고 생각해봤다.

그날 내 얘기를 들은 사람 중

내 시나리오대로 했던 사람은 몇이나 될까?

만약 있다면 그들은 과연 얼마나 투자했을까?

나처럼 자신의 모든 것을 모아 투자할 수 있었을까?

사실 답은 알고 있다.

대부분은 매수하지 않았을 것이고

매수한 사람들 역시 자신의 전부를 걸고 매수하진 못했을 것이다.

그리고 지나고 나서 다시 후회했을 것이다.

그 이유는 간단하다.

5년 전 나에게 부동산이 급등할 것이라고 말해줬던

100억 원대 자산을 보유한 지인의 말에도

내가 실제로 큰 금액을 투자하지 않았던 이유와 같다.

내 말과 내 행동이 주는 믿음보다

처음 경험하는 폭락장을 바라보는 공포가 컸기 때문이다.

타인의 말과 행동은 결코

잃을지도 모른다는 두려움을 없애주지 못한다.

이것이 당신이 스스로 만든 시나리오를

끝없이 검증하고 또 검증해야 하는 이유다.

그 과정이 없으면
아무리 훌륭한 시나리오를 머릿속에 만들어도
당신은 결코 행동으로 옮기지 못한다.

시나리오는 절대 추상화가 아니다.
머릿속에 하나의 영감으로 붓 한 번을 휙 긋고
만들어지는 무언가가 아니다.
수천 번의 붓질과 수정을 거친 후에야 완성되는
정밀화임을 잊지 말아야 한다.

지금까지의 네 가지 과정과 마지막 검증을 거쳐
당신에게 당신만의 시나리오가
손안에 쥐여지길 기대한다.

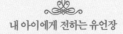

뱀의 혀를 가진 이에게
상처받지 않길

돈의 시나리오를 만든다는 것은

주도적인 투자자가 되기 위해 준비를 한다는 거야.

모든 과정이 그러하듯

스스로 준비하는 과정은 고되고 힘들 거야.

사람은 누구나 지름길을 원하기에

아무리 성실한 마음으로 출발선에 선 사람이라도

걸음이 길어질수록 쉽고 빠른 방식을 원하게 돼.

투자에서 쉽고 빠른 길은 없음에도

누군가가 그 길을 알려주려 다가온다면

그 사람은 선악과를 물고 있는 뱀과 같은 자야.

너는 결코 그런 자에게 흔들려선 안 돼.

네가 투자자로서 절대로 당해선 안 되는 것은

그런 뱀 같은 자에게 휘둘리는 사기야.

경제 상황이 어려워지는 불황이 계속되면

늘 나오는 것이 사기꾼이야.

지금부터 사기꾼을 구별하는 방법을 알려줄게.

사기를 당하는 대부분의 사람은

부자인 사람보다 그렇지 못한 사람들,

즉 경제적으로 어려운 사람들이야.

인터넷을 활용하여 검색할 수 있는 능력이 떨어지거나

저축과 절약이 돈 공부의 전부였던,

그래서 투자는 전문가가 해야 한다는 인식이 많은 어르신이

사기의 대상이 되는 경우가 많아.

최근 상담했던 나의 후배도

부모님이 거의 전 재산을 ○○투자자문에 투자하였다가

수억 원의 손실이 발생했고,

그로 인해 꽤 많은 은행 대출이 생겨

그 빚을 함께 갚아가고 있어.

특히 안타까웠던 것은 빚을 갚기 위해서

자신의 급여 대부분을 쓰다 보니 정작

자신의 미래에 대해 생각할 여유조차 없다는 거야.

한 번의 사기는 이처럼

현재의 자산뿐만 아니라

미래의 기대 자산마저도 해치는 최악의 독이란다.

사기를 피하는 가장 좋은 방법은 상식적으로 생각하면 돼.

저금리 시대에 들어오면서 노후에 대한 불안감으로,

급등하는 집값을 보면서 내 집 하나 마련 못 한다는 조급함으로

한탕, 한 방을 바라는 마음들이 모여

많은 사람이 상식적인 생각을 하지 못해.

부자가 된 사람들은 자신이 돈을 벌 수 있었던 과정 중에서

공짜가 없다는 사실을 인지하고 살아가.

그래서 자신에게 공짜로 뭔가가 주어진다면

그것에 대해 합리적인 의심을 하지.

투자자가 된 너 역시 이런 합리적인 의심을 하며
자신의 자산을 지켜야 해.
만약 다음과 같은 제안을 하는 곳이 있다면
모두 사기이니, 조심하렴.

"돈을 버는 확실한 방법을 공짜로 알려드리겠습니다."
세상에 나 대신 부를 이뤄줄 곳은 없어.
그게 상식이야.
만약 계속 돈을 벌게 해주는 방식과 시스템이 있다면
돈을 찍어내는 것처럼 부자를 찍어내야 하겠지.
그런 곳은 역사상 단 한 곳도 없었어.

세상에서 가장 쉬운 부업이라고 말하는 곳은
대부분 다단계 방식으로 상품을 많이 사라고 하는 곳일 테고
AI 시대에 가만히 앉아 돈을 벌 수 있다고
말하며 투자를 부추기는 곳도 불법 리딩업체인 경우가 많아.
불쌍한 개미들을 위해 고수가 나타나서 도와준다는 곳치고
실력 있는 곳을 나는 단 한 번도 본 일이 없어.

"원금이 보장되면서, 수익을 올릴 수 있어요."

모든 투자물에는 위험이 존재해.

이 또한 투자에서 가장 기본적인 상식이야.

원금이 보장되는 투자물 따위는 없어.

만약 연 10퍼센트 이상의 수익이 나는 투자물이 있다면

그것을 만든 사람이 직접 자신이 투자하거나 혹은 채권이나

증서를 발행하여 금융채로 증권사나 제2금융권에 팔면 되겠지.

굳이 개인에게 소액투자를 받아서

진행할 필요가 없다는 말이야.

결국 부자들이나 똑똑한 회사는 당하지 않으니

잘 모르는 개인에게만 사기를 치는 거야.

특히 매월 이자를 지급하며 사람들을 현혹시킨다면

사기일 가능성이 크니 주의해야 해.

"지난 2~3년 이것만으로 성공했습니다."

투자물이 한 방향으로 2~3년 이상 지속되면

그것에 투자했던 사람 대부분이 수익을 내게 돼.

그 과정 중 똑똑한 자들은

그것을 발판 삼아 전문가로 활동하거나

회사를 설립하는 경우가 많아.

비트코인이 하늘 모르고 치솟던 그때

정말 말도 안 될 정도로 많은 비트코인 전문가들이 만들어졌어.

그들 중 90퍼센트는 사라졌지.

그들을 따랐던 수많은 사람의 손실에 대해서는

어떠한 책임도 지지 않고 말이야.

시장의 호황과 함께 등장하는 그들은 늘 필명을 사용해.

도망갈 수 있는 정도의 정보만

온라인으로 공개하며 살아가는 거지.

"온라인으로만 소통합니다."

인스타그램, 페이스북 등의 SNS나 카카오톡 등의 메신저에서만

그것도 필명만을 사용하며 활동하는 사람들이 많아.

그들은 투자물이 다시 하락하거나

자신의 실력이 들통나면 도망갈 준비를 하고 있으므로

온라인으로 활동하거나 아주 작은 사무실이나

원룸을 빌려 주소만 올리는 경우가 많지.

회사의 위치가 서울 테헤란로라고 해서 찾아가보면

실제로는 유령회사인 경우가 대부분이야.

실제 유사투자자문사의 경우 그 수가 수천이 넘지만

오프라인으로 사무실을 보유하고 있는 회사는

100개가 되지 않고

10년 이상 유지된 경우는 더욱 드물어.

과거에 재밌는 사례가 있었어.

한 경제 TV 업체가 운영하는 전문가 그룹에서

A라는 필명을 사용하는 전문가가 있었어.

선물 옵션을 교육 및 리딩하는 사람이었지만

실력은 형편없어서 잠시 돈을 벌다가

엄청나게 큰 손실을 봤어.

결국 얼마 되지 않아서 그 채널은 사라졌지.

그러나 한 달도 되지 않아서 그 사람은

다른 경제 TV 업체가 운영하는 그룹에 다시 들어가

B라는 필명으로 활동하기 시작해.

눈 가리고 아웅인 거지.

다행인 것은 그가 또 다른 사기를 치기 전에

그의 말도 안 되는 매매 방식을 보고
과거 A라는 사실을 눈치챈
한 제보자에 의해 진실이 밝혀졌어.

인터넷은 많은 사람이 과거보다 훨씬 공부하기 쉬운
편리성을 제공하였지만
사기꾼들에게도 더없이 좋은 시장을 만들어줬어.
따라서 실체 없이 온라인으로만 존재하는 자들은
늘 의심을 하며 바라봐야 해.

"경험은 짧지만, 방법을 알려드리겠습니다."
자기계발 붐이 다시 일면서
돈과 관련된 교육 사업이 확장되고
많은 전문가가 쏟아지고 있어.
나는 이런 현상을 좋아하는 편은 아니야.
경력도, 경험도, 수익도 없었던 사람들이
돈에 대해 강연을 한다는 게 말이 안 된다고 생각하기 때문이지.
1년도 안 되는 기간 동안 얻은 수익을 주제로
채널을 운영하고 방송을 하며 그걸로 돈을 벌어.

이 사람이 거둬들인 투자 수익은 당연히 적지.
강의를 들어봐도 경험에서 나오는 노하우나
통찰력 따위는 찾을 수가 없어.

나는 스마트 스토어를 직접 운영하기 위해서
현직에서 월 500~1000만 원 이상 순이익을 내는
여러 사람과 만남을 이어나가고 있어.

그들이 나에게 해줬던 이야기가 조금 충격적이었어.
1억 원의 종잣돈만 있으면 매출액은
누구나 만들 수 있다는 거야.
자신의 쇼핑몰 매출액을 100만 원으로 만들어두고
마진 없이 혹은 오히려 손해를 보더라도
무조건 최저가로 팔아서 매출액을 만들거나 부족한 부분은
사재기하여 3개월간 1억 원의 매출을 만드는 거야.
그리고 자신이 지인인 것처럼 혹은
수강생으로 둔갑하여 이를 반복한다는 거야.

이런 방식으로 수백만 원의 수수료가 나가겠지만
가짜 1억 원 매출을 광고해서

원금을 빠르게 회수하겠다는 전략인 거지.

실제로 가능한지 물어보니 과거에 이 시스템으로

돈을 벌었던 사람들이 유튜브 채널을 확장하고

교육하는 사람들이 되어버리니

그 과정을 지켜본 또 다른 자들이

이런 행동을 많이 해서

지금은 거짓 구매와 구매평을 올리는

위탁 업체까지 생겼다고 해.

실제로 스마트 스토어를 운영한다고 교육하는 사람들이

자신의 스마트 스토어를 계속 공개하는 경우는 많지 않아.

대부분은 교육에 매진하기 위해 이제는 접었다고 하지.

아니야. 성공한 적이 없기 때문이야.

잠깐 만들어진 매출이 전부이기 때문이야.

만약 그들이 수익을 지속해서 올리고 있다면

스마트 스토어를 계속하지 않을 이유가 없어.

나는 전업 투자를 하며 돈을 벌기 시작한 이후로

1년 단위로 계산해보면 돈을 잃은 적이 없어.

그런데도 돈에 대한 교육을 하는 시기에
만약 손실이 났거나 그 시기에 돈을 벌지 못하고 있으면
돈에 대한 강연을 연기하거나 취소했어.
내가 현재 돈을 벌지 못하고 있는데
감히 다른 이에게 돈에 관한 이야기를 전달하는 게
말이 되지 않는다고 생각했기 때문이야.

돈을 받고 가르치는 사람이
그 투자물에 대해 현재 투자를 하고 있지 않거나
뚜렷한 결과물을 증명할 수 없다면
이 역시 사기와 같기에 주의해야 해.

투자를 하면서 앞서 말한 이런 것들을 주의하며
너를 노리는 뱀과 같은 혀를 조심하길 바란다.

"시나리오는 수천 번의 붓질과
수정을 거친 후에야 완성되는 정밀화다."

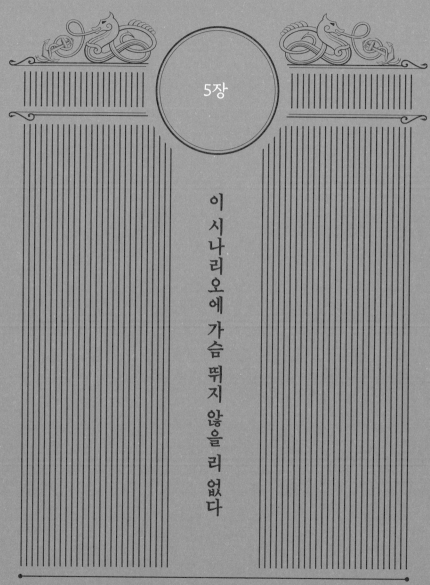

5장

이 시나리오에 가슴 뛰지 않을 리 없다

JB가 쓴 돈의 시나리오 공개

시나리오는 자신이 아는 만큼,
경험한 만큼 구체적으로 만들 수 있다.

당신의 시간을
가치 있게 만들길 바라며

지금부터 15년간의 경험으로 완성한

나의 시나리오를 공개하고자 한다.

전작 『돈 공부는 처음이라』에서 돈 공부의 필요성을 언급하고,

시간과 정성을 들여야만 위기를 기회로 만들 수 있다고 강조했다.

이후 오프라인 강연에서 수천 명이 넘는 사람들에게

위기는 2020년에 올 거라는 예측을 해왔다.

그리고 2020년 3월 '코로나'라는 이름으로 위기는 찾아왔다.

그동안 시간과 정성을 들여

자신만의 돈의 시나리오를 만든 사람들은

이 위기를 활용하여 수익을 얻었지만
대부분은 위기를 기회로 만들지 못했다.
누군가는 더 하락하길 기다렸고
누군가는 하락의 두려움 때문에 너무 이른 시기에 매도하였으며
누군가는 기회인지도 모르고 지나갔다.

그래도 한 가지 다행인 점은 위기 덕분에
돈을 공부해야 한다는 인식이 퍼졌고,
많은 사람이 주식에 관심을 가졌다는 것이다.
하지만 너무 빠르게 반등하여 짧은 기간에 수익을 올린
사람이 많아 조금 걱정도 된다.
어떻게 수익을 올렸는지 알지 못하는 사람이 대부분이기 때문이다.
2017년도에 가상화폐 시장 광풍으로
너도나도 투자했다가 손실을 본 사례와 겹쳐 보이기도 한다.

물론 가상화폐 시장과 주식 시장은 다르다.
가상화폐는 버블로 인해 손실을 본 사람이 많았지만,
주식 시장은 그런 상황이 아니니 말이다.
하지만 버블이든 아니든
아무런 준비 없이 돈을 투자하는 사람은

반드시 손실을 볼 수밖에 없다.
이게 바로 투자 시장의 근본적인 속성이다.

언젠가 하락장이 또 올 것이고
그때 사람들은 주식에 두던 관심을 거둘 것이다.
대다수가 관심을 끊을 때
당신은 지속적으로 관심을 이어나가길 바란다.

지금부터 공개하는 돈의 시나리오를 참고하여
개개인의 색깔을 담아
당신만의 멋진 돈의 시나리오를 완성해보길 바란다.

어디에서
사고팔 것인가

오른쪽 차트는 1980년에 코스피가 만들어진 후부터

지금까지의 흐름이다.

이 한 장의 그림 속에 대한민국의 역사와 돈의 흐름이 담겨 있다.

우리는 이 속에서 부를 이룬 사람들의 성공 요인을 찾을 수 있다.

지수를 보면 돈의 흐름이 보인다.

지수가 오를 때는 그에 합당한 이유가 있으며

내릴 때도 그에 합당한 이유가 있다.

그럼 지수를 통해 우리나라 경제 상황에 대한 지식을 쌓아보자.

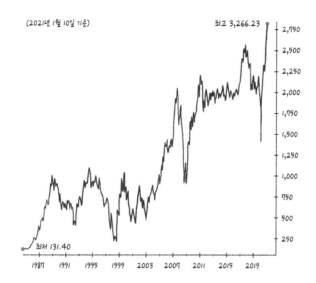

(2021년 1월 10일 기준)   최고 3,266.23

최저 131.40

1987 1991 1995 1999 2003 2007 2011 2015 2019

1차 상승기(1980~1989년)

베이비붐 세대들의 노력으로 산업이 발전하고 그에 따라

우리나라 경제가 급속도로 발전했던 구간이다.

당시 우리나라를 비롯한 아시아의 네 마리 용은

미국과 유럽보다도 빠른 속도로 발전했다.

금융, 자동차, 가전, 건설, 조선 등

대부분 업종에서 다양하게 성장했던 구간이다.

1차 하락기(1989~1992년)

일본의 잃어버린 20년이 시작된 시점이다.

일본의 경제가 급속도로 무너지면서 닛케이지수가 폭락했고

그 여파로 코스피 지수도 하락이 지속되었다.

2차 상승기(1992~1994년)

아시아 신흥국의 성장이 본격적으로 가시화되던 시점이다.

이때 우리나라도 금융 시장 개방 등으로

많은 외국자금이 들어오면서 증시를 이끌었다.

2차 하락기(1994~1998년)

아시아 신흥국에 들어왔던 자금이 다시 빠져나가면서 시작된

외환위기로 한국은 부도 사태까지 갔다. IMF가 있었던 시기다.

3차 상승기(1998~1999년)

부실 기업은 시장에서 퇴출당하고

살아남은 기업은 구조 조정을 시행해 다시 살아나는 시점이다.

전 세계 시장에서 닷컴과 IT 기업의 버블을 만들었다.

3차 하락기(2000~2001년)

과거 상승을 이끌었던 닷컴과 IT 기업의

버블이 터지면서 발생한 위기다.

버블이 일어났던 곳은 미국은 나스닥, 한국은 코스닥이었다.

그래서 코스피는 상승과 하락이 비교적 적은 편이었다.

4차 상승기(2001~2007년)

IT버블 이후 다시 산업에 고르게 돈이 분산되었다.

자동차, 화학, 정유 산업을 필두로

IT, 금융, 조선, 철강 회사의 약진이 지속되었다.

오랫동안 간절히 원했던 2000포인트를 달성하기도 했던 시기였다.

4차 하락기 (2007~2008년)

미국 부동산값의 하락으로 금융사가 파산했고

세계 경제 위기가 왔다.

이 여파로 우리나라 증시도 폭락했다.

4차 상승기 (2008~2017년)

서브프라임 금융 위기가 진정되고

다시 세계 경제는 IT산업을 필두로 빠르게 성장했다.

구글, 아마존, 애플이 세계적인 기업으로 성장했고,
한국의 삼성전자, 현대차가 세계화에 성공했다.

5차 하락기 (2018~2020년)

미 · 중 무역전쟁이 전 세계 증시에 부담으로 작용했고,
2020년에는 코로나19라는 이름의 호흡기 질환이 세계적으로 퍼져
팬데믹까지 발생하며 전 세계 증시에 영향을 미쳤다.

5차 상승기 (2020년~현재 진행 중)

코로나19의 해결책인 백신이 개발된다는 소식으로
바이오주가 상승하고
전기차, 5G 등 4차 산업 기업의 약진으로
코스피가 전고점을 돌파했다.

이렇듯 지수의 상승과 하락은 경제를 아우르는
돈의 흐름과 관련이 있다.
여기까지 읽었다면 당신은 지난 40년간의 한국 주식 시장 역사와
돈의 흐름을 알게 되었을 것이다.
이제 한 가지 질문을 해보겠다.

"당신은 이제 무엇을 하시겠습니까?"
이 질문을 듣는다면 당신은 잠시 패닉에 빠질 것이다.
잠깐 사이에 40년간의 돈의 흐름을 공부했지만
그래서 어떤 시기에 어떤 사건이 있었는지
어떤 업종이 시장을 주도했는지 알게 되었지만
이 지식만으로 앞으로 어떻게 투자할지는
알 수 없기 때문이다.

지식을 습득하는 것과 투자를 실행한다는 건
완전히 다른 개념이다.
우리는 지식을 만들어내는 사람을 전문가,
지식을 활용하는 사람을 투자자라고 부른다.
전문가는 과거를 분석하면 되지만
투자자는 미래를 위한 행동을 해야 한다.
그런데 '그래서 나는 이제 뭘 해야 하지?'라는 질문은
당신이 투자자로서 앞으로 어떻게 해야 할지
방향을 제시해주지 못한다.
질문을 바꾸어야 할 때다.
투자자로 성장하기 위해, 당신만의 돈의 시나리오를 가지기 위해
당신이 해야 할 질문은 무엇인가?

"당신은 어디에서 사고팔겠습니까?"

이 질문을 듣는 순간 당신은 지수를 다시 들여다볼 것이다.

어디에서 사고팔지를 결정하기 위해서 말이다.

바로 그 결정을 위한 행동이 투자자의 행동이다.

당신은 이제 투자자로서 돈의 시나리오를 만들기 위해

위대한 첫발을 내디뎠다.

한 가지 놀라운 사실은

이 질문에 대한 답은 사람마다 전혀 다르다는 것이다.

"지수가 100원일 때 사서 지금까지 들고 있었으면

2000원 이상이 되었으니 20배가 넘는 수익이 나왔을 것이다."

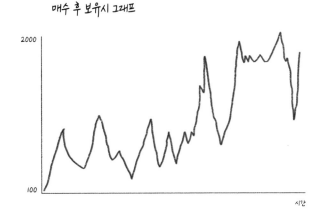

매수 후 보유시 그래프

만약 대답이 이와 같다면 안타깝지만 당신은 아직
실전 투자자가 아닐 가능성이 매우 크다.
만약 투자자라 하더라도 아마 초보 단계일 것이다.
진지하게 자신의 성향과 환경에 대한 분석을
해보지 않았기 때문이다.

과연 당신이 100원에 사서 2000원이 될 때까지
40년간 기다릴 수 있는 사람일까?
그런 사람은 절대 흔하지 않다.
수익이 오를수록 떨어질 것에 대한
두려움이 커지는 것이 사람이기 때문이다.
사람은 가진 것이 생기면 잃는 것을 두려워하는 존재다.
실제로 내가 이 질문을 던졌을 때 위와 같이 대답한 사람은
자신의 시나리오로 투자해본 적이 없는 경우가 대다수였다.

우리의 돈은 한정적이다.
그래서 한정된 자원을 이용해 최대 효율을 뽑아야 한다.
그런 관점에서 왼쪽 그래프의 지수를 다시 보면
지수 전체의 흐름은 상승이었으나
그사이에 수많은 하락과 상승이 있었다.

이를 이해한다면 단순히 100원일 때 사서 2000원일 때 판다는
대답은 결코 옳은 대답이 아니다.

당신에게 한정된 자원으로 1만 원이 있다고 생각해보자.
분명 100원일 때 사서 2000원일 때 판다면
스무 배, 즉 20만 원의 수익을 냈을 것이다.
그러나 지수를 자세히 관찰하고
내릴 때 사고 오를 때 팔고를 반복했다면?

당신이 100원일 때 사서 1000원일 때 팔았다면
10만 원이 생겼을 것이다. (시작)
그 10만 원을 다시 지수가 500원으로 떨어졌을 때 사서
1000원으로 오를 때 팔았다면 이젠 20만 원이 생겼을 것이다. (1차)
20만 원으로 다시 500원으로 떨어질 때를 기다려 산 후
1000원으로 회복되었을 때 팔면 40만 원이 된다. (2차)
40만 원을 다시 500원이 떨어질 때 사서
1000원에 팔면 이제 당신의 돈은 80만 원이 된다. (3차)
그 돈을 가지고 이번엔 1000원일 때 사서 2000원에 팔았다면?
당신의 돈은 160만 원이 된다. (4차)

낭신에게 160배의 수익이 생기는 것이다.

그리고 대한민국의 지수에서는 위에서 언급한 이런 타이밍이
실제로 다섯 번 있었다.

그 다섯 번을 활용해서 자산을 증식시키는 것,
이것은 지수를 좀 더 세밀히 관찰해야 알 수 있는 것이며
동시에 복리의 개념을 알아야 생각할 수 있는 것이다.

따라서 복리를 알고 난 후 지수를 자세히 들여다보면
위와 같은 시나리오를 짤 수 있다.

이처럼 시나리오는 자신이 아는 만큼,
경험한 만큼 구체적으로 만들 수 있다.

질문에 대한 답변이 얼마큼 논리적이고 설득력 있는지에 따라서
투자자 레벨도 높아질 것이고 그것을 실행으로 옮겨
피드백하는 과정에서 시나리오는 더욱 견고해질 것이다.

최악의 투자자는 이런 모든 행위에 대해서
'이것은 신만 할 수 있는 불가능에 가까운 영역'이라며
더 이상 생각을 이어가지 않는 사람들이다.

자신의 시나리오로 나름의 준비를 하는 사람들에게
안 되는 이유를 일일이 들어가며 참견하는 사람도 있다.

15년 전 내가 처음 전업 투자자의 꿈을 말하고

주식을 공부하며 돈에 관해 이야기를 하고 다녔을 때

우리나라의 경제 발전 속도를 보아 초저금리 시대가 빠르게 온다고

지금 반드시 돈과 금융을 공부해야 한다고 했던 나에게

세상에 돈이 전부가 아니라 말했던 수많은 사람들.

그저 돈 욕심이 많은 아이라며 걱정스럽게 나를 보면서

한편으로는 내가 망하길 기대했던 사람들이 있었다.

지나고 보니 그들은 모두 97퍼센트의 사람들이었고

아직 제자리에 머물고 있었다.

3퍼센트의 사람들은 자신이 신이 아니라 생각했기 때문에

시나리오가 필요했고 시나리오를 검증하면서

자신의 잘못을 인정하고 피드백하면서 성장했다.

97퍼센트의 사람들과 가짜 전문가들은

수익이 나는 것만 말하고

손실은 절대 용납하지 못하며

마치 자신이 투자의 신인 것처럼

하는 것마다 최고의 결과를 얻을 수 있다고 생각했기에

아직 그 자리에서 벗어나지 못하고 있다.

"당신은 어디에서 사고팔겠습니까?"

진정한 투자자라면 이 질문을 듣고
'100원일 때 사서 지금까지 들고 있겠다'는 생각을 넘어
이젠 저점에서 사고, 고점에서 판다는 생각으로 이어져야 한다.
싸게 사서 비싸게 팔아야 한다는 투자의 진리를 깨닫는 것이다.
여기까지 생각했다면, 가장 먼저 해야 할 일은 싸게 사는 것이다.
아래 그래프에서 당신이 사고 싶은 자리에 동그라미를 쳐보자.
내 예상이 맞다면 우리는 비슷한 자리에서 동그라미를

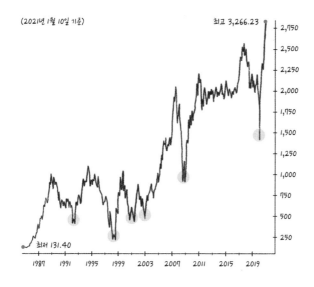

쳤을 것이다. 그곳에서 사면 된다.

나는 싸게 사기 위해서 동그라미를 쳤고

그곳에서 사기 위해서 시나리오를 만들어야 했다.

객관적이고 논리적이며 보편성을 지니도록 말이다.

그래서 공부하기 시작했다.

이제는 싸게 사기 위한 공부, 즉 투자자의 공부가 시작된 것이다.

그리고 알게 되었다.

대한민국의 돈의 흐름인 지수를 통해

싸게 사서 비싸게 파는 방법을 깨친 것이다.

그걸 깨닫고 나니 놓치고 살았던 지난 세월이 너무나 아까웠다.

2008년까지 나는 이 사실을 몰랐다.

그래서 그해 지수가 2000을 돌파했을 때

업황이 너무 좋았던 중공업 관련주에 가치 투자를 해야 한다며

사 모았던 것이 그 시절의 나였다.

어느 시의 제목처럼 만약 지금 알고 있는 걸 그때도 알았더라면

나는 조금 더 일찍 부자의 반열에 오를 수 있었을 것이다.

하지만 늦게라도 깨달음에 감사하며

평생 이 깨달음을 공부하고 내 자식들에게

물러주자는 마음으로 시나리오를 완성했다.

내가 찾은 싸게 사는 자리의 공통점은 무엇이었을까?

첫 번째, 늘 '위기'라는 이름으로 우리에게 왔다.

다섯 번의 하락장엔 다음과 같은 사건이 있었다.

일본의 붕괴   IMF   IT버블
서브프라임 금융 위기   코로나

이처럼 모든 반값 지점은

우리가 위기라 기억하는 사건을 기반으로 하고 있었다.

이 사실을 깨닫고 나서

처음에 나는 그 위기를 예측하는 방법을 알아내려고 노력했다.

예측하면 위기 직전에 주식을 모두 팔아 현금을 보유한 후

위기가 지나가면 다시 주식을 사 돈을 벌 수 있기 때문이다.

그러나 그것이야말로 신의 영역이었다.

그 위기가 언제 어떤 이름으로

우리에게 다가올지는 사실 아무도 모른다.

이번의 하락 역시 '코로나'라는 이름으로 오리라는 걸
그 누구도 상상하지 못했을 것이다.

위기는 누구도 예측할 수 없기에
누구도 바로 대응할 수 없었기에
위기라는 이름으로 우리에게 기억되는 것이다.
그래서 나는 늘 이야기한다.
정책으로 위기를 막을 수 있다면
세상에 위기 따윈 없을 것이라고 말이다.

실제로 위에서 말한 다섯 번의 위기 외에도
지난 40년간 많은 다른 하락의 징조가 있었을 것이다.
그러나 정책으로 위기를 막았기 때문에
우리가 기억하지 못하는 것이다.
이 생각을 끝으로 나는 더는 위기를 분석하지 않았다.
어차피 지수가 폭락하면 자연스럽게 그 하락장엔
위기의 이름이 붙기 때문이다.
따라서 위기의 이름이 내게 들렸을 때 위기의 강도를 따라
내가 어떻게 그 위기를 활용할 수 있을 것인가에 초점을 맞추어
고민하기 시작했다.

하락장은 반드시 위기와 함께 온다는 것,
그 위기는 내가 예측할 수 있는 것이 아니라는 것,
따라서 위기의 이름이 붙여졌을 때
어떻게 대응할지만 고민하면 된다는 것,
이것이 싸게 사는 자리에 대해
내가 깨달은 첫 번째 실마리였다.

두 번째, 모든 위기는 끝난 이후 최소 1년은 급등한다.
한국 시장은 지금까지 위기 이후
최소한 50퍼센트의 지수 상승이 나왔고
몇 년이 지나면 100퍼센트 이상 상승했다.
이 패턴은 한 번도 어긋난 적이 없었다.
위기는 곧 기회라는 투자 격언이
지수에서 그대로 적용되고 있다.

이 때문에 위기 이후에는 작은 수익률에
연연하지 않아도 된다는 걸 깨달았다.
그 이후 나는 투자 시나리오에
높은 수익률을 얻을 수 있는 매도 법칙을 넣기 시작했다.
위기일 때 매수한 후 1년 이상 보유하며

수익이 50퍼센트 이상 나기 시작하면
분할 매도하자는 시나리오였다.
그 이후로 나는 내가 생각한 시나리오가
보편성이 있는지 검증해보았다.

검증 방법은 간단하다.
이 시나리오로 부자가 된 사람이 있는지 알아보면 된다.
그래서 투자 고수들이 어떤 시기에 돈을 벌었는지 찾기 시작했다.
수백억 원 이상 벌었다는 투자자들은
IMF나 IT버블 때 주식 투자를 시작했다.
특히 부유한 집안 출신이거나 좋은 학벌을 가진 이들이
하던 사업을 접고 주식 투자를 한 경우가 많았다.

그 돈으로 주식을 사서 열 배, 스무 배씩 수익을 내고
다시 IT버블에 올라타 열 배, 스무 배씩 돈을 불린 것이다.
이들이 당시 주식에 대해 깊은 통찰이 있었는지는 미지수다.
조심스럽게 추측해보면, 통찰이 있었다기보다는
공격적인 투자 성향을 가진 사람이
연속해서 찾아온 두세 번의 위기 덕분에
수익을 얻은 것이라 생각한다.

그들의 투자 수익이 이 시기에만 집중되어 있기 때문이다.

그들은 1997년부터 2007년까지 10년간

가치 투자를 통해 자산을 1만 배씩 불렸다고

단돈 몇백만 원으로 100억 부자, 1000억 부자가 되었다고 말한다.

하지만 그 이후 10년간은 가지고 있던 자산을 그대로 유지하거나

서너 배 정도의 수익밖에 올리지 못했다.

같은 원칙으로 투자를 하는데도

지난 10년 동안은 자산을 많이 불리지 못했다는 것만 봐도

실력으로 돈을 벌었다고는 생각할 수 없다.

의도하지 않았지만 지수에 올라타 수익을 얻었기에

운이 따랐다고 생각할 수 있지 않을까?

사실 그들이 운으로 돈을 벌었든

시기를 잘 타서 돈을 벌었든

아니면 예리한 통찰력으로 돈을 벌었든

크게 중요하지 않다.

내가 그들을 보고 알게 된 것은 하나다.

운이든 실력이든 지수의 흐름에 올라타

돈을 번 사람들이 실제로 존재했다는 사실이다.

따라서 지수를 활용하여 발견한 '싸게 사는 시점'은
시나리오의 재료로 충분하다는 게 검증되었다.

이 검증을 통해 비로소 내가 발견한 재료에 대해 확신하기 시작했고
그 재료로 나만의 돈의 시나리오를 하나씩 완성해나가기 시작했다.

나는 위기 때 돈을 번다
: 반토막 시나리오

위의 과정을 통해 최종적으로 만들어진 나의 시나리오는
반토막 전략이다.
지수가 반토막이 났을 때
높은 이익을 얻을 수 있는 매매 패턴을 미리 만들어놓아
위기를 기회로 활용하는 것이 시나리오의 핵심 내용이다.

사실 이 전략은 전작에서 간략하게 공개한 적이 있다.
공개하기 전에 나와 생각이 같은 사람은 없는지 찾아봤다.
위기와 기회, 지수와 반토막이라는 키워드를 검색해봤지만
칼럼, 블로그, 카페, 유튜브 그 어디에도 관련된 내용이 없었다.

그러나 책에 시나리오를 공개하고 나서 불과 2년 만에
지수가 반토막 나는 위기가 오면 그때가 바로 기회라며
화두를 던지는 콘텐츠가 굉장히 많아졌다.
내 것을 뺏겼다는 생각은 들지 않는다.
오히려 나의 시나리오가 사람들에게
스스로 시나리오를 만들어보는 계기가 되었으면 좋겠다.

이 책에는 전작에서 했던 얘기에서 더 나아가
내가 어떻게 이 시나리오를 만들었는지
자세하게 소개하고자 한다.
그러니 독자들은 시나리오 자체보다는
반드시 전체 과정을 살펴보며 공부를 이어갔으면 한다.

나는 반토막이 되었을 때 수익을 얻겠다는 목표를
시나리오에 적고 나서 다음의 여섯 가지 주제를 수치화했다.

- 언제 살 것인가?
- 무엇을 살 것인가?
- 얼마나 살 것인가?
- 어떻게 살 것인가?

- 사기 전에 만들어야 하는 매도 전략

- 최악의 경우에 어떻게 할 것인가?

- 언제 살 것인가?

위기가 오면 사야겠다는 말은 누구나 할 수 있다.

요즘은 유튜브에서 무궁무진한 정보를 얻을 수 있기에

중학생 정도만 되어도 할 수 있는 이야기다.

그렇다 보니 그런 이야기는 아무 의미가 없다.

실제로 서브프라임 금융 위기는 2007년 중순

미국 서브프라임 모기지 대출에서 2위였던

뉴센추리 파이낸셜이 파산 신청을 하면서 시작되었다.

당시 2000포인트를 돌파했던 지수는

1700포인트대까지 떨어졌고 이내 금방 회복하는 것처럼 보였다.

그러나 다음 해 미국의 대형 금융사에까지

여파가 이어졌다는 소식이 전해지면서

지수는 900포인트까지 폭락했다.

여기서 중요한 건 우리는 전문가가 아니니

상황을 분석하고, 고민하며, 실시간으로

뉴스를 찾아보기 힘들다는 사실이다.

만약 그렇게 하더라도 이 상황의 사실 관계를

우리가 전부 파악할 수도 없다.

만약 서브프라임 금융 위기의 여파가 확실히 올 거라고 분석해도

결국 내가 언제 살 것인가에 대한 문제를 해결할 수 없다.

서브프라임 금융 위기가 대두된 시점을 보면

1700포인트까지 떨어진 상태에서도

충분히 위기라고 생각할 수 있었다.

당시 시장 분위기는 그 시점을 위기라고 말했으니 말이다.

만약 그렇다면 위기에 투자하겠다고 정했으니

1700포인트에서 매수를 해야 한다.

만약 내가 그렇게 했다면 나는 그 이후에

50퍼센트가량 손실을 보는 아픔을 겪었을 것이다.

실제로 나는 이 시기에 자산의 50퍼센트를 잃었다.

위기를 수치화시키지 못했기 때문이다.

전문가처럼 위기를 분석하려 했고

실제의 사건을 기반으로 해석하려 했기 때문이다.

나름의 실패를 겪은 후 나는 다짐했다.

내가 위기를 판단하고 해석하는 유일한 기준을

지수에서 찾기로 말이다.

앞서 제시했던 동그라미(위기)는

모두 지수가 고점 대비하여 -50퍼센트 부근까지 하락하였다.

결국 -50퍼센트 부근이 와야 위기라 부를 수 있고

그때쯤이면 위기의 종류와 크기가 결정될 것이고

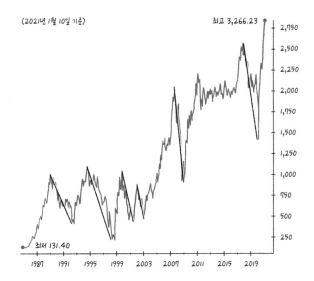

(2021년 1월 10일 기준)

최고 3,266.23

최저 131.40

바로 그때가 매수해야 하는 시기인 것이다.

한 번의 실수를 통해 나는 위기를 수치화시키는 데 성공하였다.

나는 이제 "언제 주식을 살 것인가?"라는 질문에

"지수가 반토막이 났을 때 사면 됩니다."라고 답할 수 있다.

- 무엇을 살 것인가?

지수가 위기 이후에 오른다는 확신이 있다면

이를 활용해서 투자할 수 있는 상품은 정말 많다.

ELS 상품도 있고, ETF도 있으며

펀드나 개별 주식이나 선물 옵션도 가능하다.

어떤 것을 선택할 것인지에 대한 정답은 없다.

준비하는 시간과 정성의 크기에 따라서 달라지기 때문이다.

그 시간을 줄여보고자

각 상품에 대한 평을 한 줄로 요약해보겠다.

참고로 나는 모든 상품을 직접 투자해봤고

모든 상품으로 수익을 올려봤다.

ELS: 상품의 출시 기간이 위기 이후라면 도전해볼 만하다.

ETF: 바쁜 직장이라면 반드시 공부를 해봐야 한다.

펀드: 가장 보편화되어 있고 적용하기 쉽다.

주식: 1년 성도 준비를 한다면 충분히 도전해볼 만하다.

선물: 프로 트레이더가 아니라면 부를 쌓기에는 위험이 너무 크다.

당신이 어떤 상품을 선택하든

지수 이상의 수익을 보는 것을 목표로 해야 한다.

즉, 위기 이후 지수가 50퍼센트 회복했음에도

투자물의 수익률이 50퍼센트가 안 되는 것은 피해야 한다.

위기가 왔을 때 무엇을 살 것인가는 전적으로 당신에게 달려 있다.

그 결정을 훌륭히 수행하기 위해서라도

지금부터 어떠한 상품이 당신에게 맞는지를

스스로 경험하며 미리 공부해야 한다.

- 얼마나 살 것인가?

무엇을 살지를 정했다면 얼마나 살지를 정해야 한다.

전체 자산에서 얼마나 투여할 지를 결정하는 것이다.

이 부분이 전략 중 가장 중요한 부분이다.

아무리 좋은 전략과 투자물도

자신의 상황에 따라서 수익률이 낮거나

심지어 손실을 볼 수 있기 때문이다.

예를 들어 위기가 와서 매수를 진행하는데
욕심 때문에 전 재산을 올인했다면
지수 또는 종목 가격이 조금 내려갈 때
돈을 잃을까 봐 매도하게 된다.
길게 봐야 수익을 올릴 수 있는데
전 재산을 걸었기에 두려움을 이겨내지 못한 것이다.

그래서 전업 투자자 혹은 사업가도
담보 대출로 얻은 돈을 한번에 투여하는 바람에
당장 먹고살 생활비를 충당하지 못해
수익을 포기하거나 손실을 보고 매도하는 경우도 있다.

직장인이 주식 투자에 실패하는 이유 중 하나는
처음에는 '1000만 원으로 해봐야지.'라는
자신의 시나리오가 있었음에도
가격이 내려가자 마이너스 통장을 활용해 추가로 매수하고
더 내려가자 직장인 신용 대출을 활용해 추가 매수하다
결국 최저점에서 큰 금액을 잃을까 봐
큰 손해를 보고 매도하여 무너지기 때문이다.

따라서 반드시 매수하기 전에 내가 얼마나 사고팔 것인지에 대한
비중을 확실하게 정해두고 투자를 시작해야 한다.

반토막 전략에서는 여유 자산을 투여하는 정도로
시작하는 게 가장 좋다.
만약 당신이 많은 준비를 했고
확신이 생긴다면 비중을 더 높여도 괜찮다
내가 추천을 하자면
20~30대는 전체 자산의 50퍼센트까지
40~50대는 전체 자산의 30퍼센트까지
60대는 전체 자산의 20퍼센트까지만 활용하는 게 좋다.

물론 내 전략을 단순히 가져다 쓰는 것이 아니라
내 전략을 기반으로 당신만의 생각의 끈을 이어가
스스로 확신을 가질 수 있다면
이 최대치는 얼마든지 수정될 수 있다.
코로나로 인해 최저점을 찍던 날
전 재산을 모두 투자했던 내 행동을
당신이라고 못 할 이유는 없다.
거기에 합당한 시간과 정성을 투여했다면 말이다.

- 어떻게 살 것인가?

한번에 살 것인지 나눠서 살 것인지를 선택해야 하고,

얼마의 비중으로 살 것인지 정해야 하는 과정이다.

예를 들어 우리에게 1000만 원이 있다면

위기가 왔을 때 한번에 1000만 원을 모두 사는 사람이 있을 것이다.

이를 일괄 매매 시나리오라고 한다.

반대로 누군가는 지금 400만 원어치를 사고

300만 원은 나중에 지수가 −10퍼센트 더 빠지면 사고

300만 원은 그 이후 지수가 −10퍼센트 더 빠지면 사는

사람이 있을 것이다.

이를 분할 매매 시나리오라고 한다.

-50퍼센트의 위기 이후 덜 빠질수록 일괄 시나리오가 유리하고

-50퍼센트의 위기 이후 더 빠질수록 분할 시나리오가 유리하다.

반토막 전략이라고는 하지만 실제로

반토막 이후에 더 빠지는 일도 있으므로

일괄 매매 시나리오를 할지, 분할 매매 시나리오를 할지

고민하는 건 투자 시나리오를 만들 때 꼭 필요하다.

여기까지 읽었다면 어떻게 살 것인지가

새로운 고민거리로 다가올 것이다.

이 고민은 내가 해결해주도록 하겠다.

위기가 왔을 때 -50퍼센트 이상 빠지는 위기인지

아니면 -50퍼센트 부근에서 멈추는 위기인지

알 수 있으면 해결된다.

얼핏 보면 미래를 예측해야 하는 문제처럼 보이지만

미래를 예측하지 않고도 맞히는 방법이 있다.

바로 위기의 종류를 보는 것이다.

-50퍼센트가 오기 전에는 위기의 원인을 예상할 필요가 없다.

기다리면 알아서 그 위기의 이름과 종류가 결정된다.

위기의 이름에는 그 위기의 위험도가 포함되어 있기 때문에

높은 위험도의 위기는 50퍼센트 이상 빠질 확률이

낮은 위험도의 위기는 50퍼센트 부근에서

반등할 확률이 높은 것이다.

그럼 지금부터 위기의 강도를 분석하는

방법에 관해 이야기해보자.

(이 방법은 내가 늘 사용하는 기준이기 때문에 반드시 노트에 필기해두자.)

나는 위험을 크게 두 가지로 나누어 분석한다.

시장이 주는 위험과 투자물이 주는 위험이다.

주식 시장에 A라는 기업이 있다고 가정하자.

여기서 주식 시장은 '시장'이며 A라는 기업은 '투자물'이다.

만약 주식 시장이 폭락하여

A라는 기업의 주가가 하락했으면 이는 시장이 주는 위험이다.

A라는 기업의 가치, 즉 투자물의 가치가 바뀐 것이 아니라

주식 시장 전체의 가치, 즉 시장의 리스크로 하락한 것이다.

만약 A라는 기업의 횡령 배임으로 주가가 하락했으면

이는 투자물이 주는 위험이다.

전체 주식 시장과 상관없이 A기업의 잘못,

즉 투자물의 리스크로 인해 가치가 바뀌었기 때문이다.

시장이 주는 리스크와 투자물이 주는 리스크

둘 중 어떤 것에 투자해야 할까?

당연히 시장이 주는 리스크가 좋다.

시장이 주는 위험은 시장이 회복되면 빠르게 회복하지만

반대로 투자물 그 자체가 무너지면

회복할 수 없을 지도 모르기 때문이다.

회사의 잘못으로 망해가는 기업의 주식을 가격만 보고

싸졌다고 판단하며 주식을 모으다 망하는 사람을 수없이 만났다.
반대로 회사는 건실한데 시장이 주는 위기를 회사의 위기로 착각해
충분히 수익을 볼 수 있는데 오히려 손실을 보고 팔아서
두고두고 후회하는 사람 역시 많이 만났다.

기억하자. 투자물의 위기와 시장의 위기를 판단하는 것은
사고파는 시기를 결정하는 데 중요한 지표가 된다.
지수의 위기도 같은 원리가 적용된다.
앞서 나는 -50퍼센트가 된 시기에
위험의 종류와 크기가 나온다고 하였다.

코스피는 우리나라를 대변하기 때문에
우리나라를 '투자물'로 생각하고
동시에 모든 지수는 세계 경제에 영향을 받기 때문에
세계 경제 전체를 '시장'이라 생각해보자.

만약 세계 경제가 흔들려서 우리에게도 위기가 왔다면
이는 시장이 주는 위기라 볼 수 있다.
이 경우는 -50퍼센트 직후 빠르게 회복할 가능성이 크다.
반대로 위기가 우리나라의 문제라면

이는 투자물이 주는 위기라 볼 수 있다.

이 경우는 -50퍼센트 이후에도 더 내려갈 가능성이 크다.

IMF가 투자물이 주는 위기의 대표적 사례다.

따라서 이때에는 처음부터 지수가 -50퍼센트 이상 하락한다는

생각을 하고 시나리오를 구축해야만 한다.

실제로 이 시기 지수는 -70퍼센트대까지 하락하였다.

반대로 우리나라의 문제가 아닌 해외의 문제이고

그 강도가 작게 느껴지면 시장의 리스크인 것이다.

일본의 붕괴가 그러하였고

미국의 서브프라임 금융 위기가 그러하였다.

실제 두 사건 모두 -50퍼센트대에서 반등이 나왔다.

IT버블 위기는 한국의 요인이라 생각할 수 있지만

이때 코스피 하락의 원인은 코스닥 시장의 붕괴였다.

코스닥 시장이라는 투자물의 하락이

코스피 시장의 외부적 요인으로 작용했다고 해석할 수 있다.

이 때문에 코스피 시장의 관점에서 보면

코스닥이라는 시장의 영향에 의한 하락이라 볼 수 있고

이 역시 -50퍼센트대에서 반등이 나왔다.

반대로 코스닥지수는 어찌 되었을까?

IT버블은 '코스닥 지수'란 투자물의 위기였다.

실제 코스닥 지수는 20년이 지났지만

당시 2900포인트까지 올랐던

버블의 3분의 1도 회복하지 못하고 있다는 사실을 보면서

투자물에는 원금을 회복하지 못할 위험성도 있음을 알 수 있다.

그러니 더욱더 보수적으로 접근할 필요가 있다.

이처럼 지수의 위기를 분석할 때

해당 지수의 반값 이유가 국내 지수라는 투자물에 있는가

그렇지 않으면 세계 경제라든가 국내 다른 지수의 영향 등과 같은

외부 요인, 즉 시장에 있는가를 분석하면

-50퍼센트 이후의 상황에 대해 예측이 가능하다.

시장이 주는 위험과

투자물이 주는 위험은 지수뿐만 아니라

다른 어떤 투자처에서도 동일하게 적용된다.

최근에 포항에 거주하시는 분의 자산관리를 해드린 적이 있다.

이분의 성향은 보수적이라

자신이 잘 모르는 곳에는 투자하지 않는다는 철칙이 있어서 그런지
포항의 부동산에만 투자했다.
포항의 부동산은 광역시인 대구에 비해
상승폭이 초라할 정도로 적었다.
투자물에 위험 요소가 있기 때문이다.
한때 지진으로 인해 포항의 집값이 많이 하락하였고
그 이후 전국의 부동산 특히 대구·경북 지역이 다 오를 때도
포항은 그 절반도 오르지 못했다.

지진은 포항 부동산이라는 전체 투자물에 대한 위기였고
그 위기는 끝나지 않기 때문에
투자물의 가격에 영향을 미칠 수밖에 없었다.

만약 그 시기에 대구의 부동산에 투자했다면
훨씬 높은 수익을 올릴 수 있었을 것이다.
이처럼 당신이 다른 투자물을 대할 때도
이 공식은 적용할 수 있으니
투자물의 위기에 투자할 때 그 위기의 원인에 대해
탐구하는 습관을 지니길 바란다.
끝으로 위기가 왔을 때 지수로 투자한다면

일괄 매매를 하지 않는 게 좋다.

지금까지 지수를 회복하지 못했던 사례가 없었다고 해서

앞으로도 위기 후에 반드시

지수가 회복된다는 보장이 없기 때문이다.

지금까지는 외부 요인이 주는 위기가

항상 -50퍼센트 부근에서 반등을 했지만

이마저도 절대시 하는 것은 위험하다.

당신의 내공과 깊이가 아직 깊지 않다는 가정하에

내가 당신에게 제안하는 것은

보수적일 수밖에 없음을 이해하길 바란다.

그래서 내가 추천하는 비중은 3분할이다.

외부의 요인으로 인한 위기라면

50퍼센트, 25퍼센트, 25퍼센트 순으로

내부의 요인으로 인한 위기라면

30퍼센트, 30퍼센트, 40퍼센트 순으로

혹시라도 제2의 국가 부도 사태가 온다면

25퍼센트, 25퍼센트, 50퍼센트 순으로 매매하면 좋다.

- 사기 전에 만들어야 하는 매도 전략

매수하는 방법과 매도하는 방법을 따로 이야기하는 이유는
매수만큼 중요한 것이 매도이기 때문이다.
많은 사람이 매수를 하고 난 후에야 매도를 생각한다.
이는 아주 잘못된 방식이다.

매도에 대한 준비는 매수하기 전에
미리 구체적으로 만들어둬야 한다.
흔히 분할 매수와 물타기를 동일하게 보는 경우가 많은데
사실 둘은 매우 다르다.
두 가지 다 평균 매수 단가를 낮추는 효과가 있지만
분할 매수는 최초에 정해진 시나리오대로 나눠서 매수하는 경우이며
물타기는 그저 내가 산 주식이
너무 많이 내려왔기에 매수를 하는 경우를 뜻한다.

물타기를 하는 사람들에게는 '수익에서 매도'한다는
두루뭉술하고도 이상한 규칙이 있다.
수익에서 매도하기 위해서는 평균 매수 단가를 낮춰야 하니까
아무런 생각 없이 물타기를 진행하는 것이다.
매도 전략에 문제가 있으니 매수 타이밍이 제대로 설정될 리가 없다.

주식을 처음 하거나 뚜렷한 수익이 없는 투자자들은

매수에 대한 고민에 집중한다.

그러나 실력이 쌓이고 성공에 가까워질수록

매도에 대한 고민을 더 많이 한다.

실제 전업 투자자 중

매수의 기술보다는 매도의 기술을 익히고

성공에 가까워진 사례가 훨씬 많다.

어떻게 매도할 것인가를 고민하는 것만으로도 많은 것이 바뀐다.

나는 세 가지 기준에서 매도를 고민한다.

첫 번째, 처음 만든 시나리오를 지키려는 노력.

시나리오를 만들며 매도에 대한 전략을 세웠다면

그것을 지키는 습관을 들여야 한다.

시나리오에서의 전략은 여러 검증을 거친 것이므로

최선의 전략일 가능성이 크다.

매도가를 수정하면 수익률이 높아진다는 걸 알았다면

시나리오 자체를 수정해서 사용해야 한다.

그때그때 감정과 분위기에 휩쓸려 매도가를 수정하여

자신의 시나리오를 훼손하면 안 된다.

두 번째, 나의 실수를 인정하려는 노력.

처음 만든 시나리오로 매매를 하다가 피치 못할 사정이 생겨서

시나리오를 급하게 수정해야 하는 경우가 발생할 수 있다.

예를 들어 2만 원에 사고 1만 원에 추가 매수를 하여

15000원의 평균 매수 단가를 만들어

18000원에 팔려고 시나리오를 만들었다고 가정하자.

대략 15퍼센트 정도의 수익을 예상하고 매매를 시작했을 것이다.

그런데 2만 원에 매수하고

추가로 1만 원대에 다시 매수하려고 보니

급하게 사정이 생겨서 돈이 없는 것이다.

그래서 매수하지 못하는 상황이 발생했다.

지금 나의 평균 매수 단가는 2만 원이라

18000원에 매도하면 손실이 발생한다.

그러면 나의 매도 시나리오는

+15퍼센트의 수익 매도 시나리오에서

-10퍼센트의 손실 매도 시나리오로 바뀌게 되지만

이런 경우 시나리오대로 행하지 않았던 잘못을 인정하고

손실이더라도 매도를 해야 한다.

세 번째, 최악의 경우를 대비하려는 노력.

투자자로 살아가는 것은

위험을 감수하고 살아간다는 것과 동일하다.

나는 우리나라에서 지수가 100퍼센트 이상 상승하는 모습을 봤고

다른 나라에서도 50퍼센트 이상 반등하는 모습도 보았지만

이런 달콤한 상황에 매몰되지 않고

항상 최악을 대비하는 마음으로

30퍼센트의 수익이 날 때부터 분할하여 매도한다.

나의 전략은 다음과 같다.

30퍼센트 수익이 났을 때 보유한 주식의 30퍼센트를

50퍼센트 수익이 났을 때 나머지 30퍼센트를

70퍼센트 수익이 났을 때 마지막 40퍼센트를 매도한다.

단, 30퍼센트 수익이 난 종목이 다시 하락하여

나의 매수가를 이탈하는 경우 전량 매도를 하며

다음 하락을 기다릴 것이다.

이런 나의 전략은 다소 보수적이다.

오래 기다렸다 한 번에 파는 것보다

분명 수익률도 낮은 전략이다.

지금까지 위기 이후에는 대부분

지수가 엄청나게 반등한다는 걸 직접 봤음에도

오랜 기간을 투자에 몸담으며 많은 승리를 거두었음에도

보수적으로 자금을 운용하는 이유는

바로 이 질문에 옳은 대답을 하기 위해서다.

"최악의 경우에 어떻게 할 것인가?"

- 최악의 경우에 어떻게 할 것인가?

모든 투자는 최악을 대비하여야 한다.

우리는 신이 아니기 때문이다.

분할 전략을 당신에게 추천하는 이유 역시

최악을 대비하길 바라는 마음에서였다.

전업 투자자로 10년간 살아오면서 수없이 많은 손실을 경험했다.

투자한 두 가지 종목이 상장 폐지를 당했고

세 종목이나 거래 정지를 당했으며

예상치 못한 하한가가 세 번이나 와서 손실을 보기도 했다.

때론 한 종목에만 수십억 원을 투자하여

원치 않게 그 기업의 대주주가 되는 호사(?)를 누리기도 했었다.

여담이지만 한 종목에 수십억 원을 투자했던 시기는

내가 첫 책을 집필했을 때였다.

당시 책을 집필하기 위해 대부분의 시간과 정성을 책에 투자했다.

나의 원칙대로라면

투자물에 시간과 정성을 쏟지 않을 것이라면

투자물에 손을 대선 안 되었다.

그런데 당시 자만하여 책을 쓰는 동안에도 수익을 얻고 싶어서

투자 기준을 어기는 잘못을 범했다.

그 결과 수억 원의 손실을 얻고, 마음고생을 하다가

내가 운영하는 채널에 손실이 난 계좌를 공개하였다.

이런 시련을 견디고 지금까지 올 수 있었던 것은

그때그때 최악을 고려하여 매매했기 때문이다.

투자자로 살면서 늘 성공할 순 없다.

당신에게도 언젠가 돈을 잃는 날이 올 것이다.

하지만 대부분 이 사실을 인정하지 않으려 한다.

모든 투자에서 최고의 결과를 얻으려고 한다.

최저점에서 사고 싶어 하고

최고점에서 팔고 싶어 한다.

세상에 그런 것이 없다는 건

"무릎에서 사서 어깨에서 팔아라."라는

투자 격언에서도 확인할 수 있다.

우리는 언제든 최악이 올 수 있다는 사실을 인지하면서

최고의 결과가 아닌 최선의 결과를 추구해야 한다.

그럼 지수를 활용한 전략에서 최악은 무엇일까?

목표했던 수치까지 반등하지 않는 경우.

매수하고 수익을 얻기까지 수년이 걸리는 경우.

'매수하고 목표치까지 반등이 안 나오면 어떻게 하지?'

라는 마음에서 시작된 내 전략은

30퍼센트, 50퍼센트, 70퍼센트에서 분할 매도하는 것이다.

단, 30퍼센트 수익을 보고 매도했는데 이후 다시 가격이 내려온다면

내가 매수한 자리에서 미련 없이 팔아야 한다.

그렇다면 왜 30퍼센트 수익에서 첫 매도를 진행하는 것일까?

현재까지 우리나라는 거의 모든 위기에서

100퍼센트 이상의 수익을 올렸다.

그럼에도 30퍼센트 수익에서 분할 매도를 하는

시나리오로 짠 건 버블 때문이었다.

전고점을 회복하지 못하는 지수도 있다.

일본의 닛케이지수와 우리나라 코스닥 지수였다.

두 지수는 3년 안에 열 배가 넘는 상승을 했고

폭락한 이후 30년간 회복을 못하거나 지금까지도 회복하지 못했다.

다행히 두 지수 모두 -50퍼센트에서 한 번에 사지만 않았다면

회복할 수 있었는데, 30퍼센트 정도의 반등이 존재했기 때문이다.

하지만 그 이후 추가로 폭락을 맞이하였다.

과도한 버블은 반토막 시나리오에서 최악의 상황이다.

목표 수익률이 낮아지기도 하고,

심각하게는 회복하지 못할 수 있다는 상황을

고려해야 하기 때문이다.

그렇기에 나의 시나리오는

매수와 매도 타이밍을 최대한 보수적으로 정한다.

내 시나리오는 많은 돈을 벌고 싶은 욕망과

돈을 잃지 않기를 바라는 희망의 절묘한 교집합이다.

지금까지 내가 만든 반토막 전략을 살펴보았다.

객관성, 논리성, 수익성, 지속성의 기준으로 이 시나리오를 만들었고

하위 시나리오 다섯 가지를 활용해

언제, 무엇을, 얼마나, 어떻게 사고팔 것인지에 대한 답을 찾기 위해

시나리오를 수치화하였으며
마지막으로 최악의 상황에 대비하는 것으로
나만의 돈의 시나리오를 완성했다.

그러나 이 시나리오의 핵심은 '반토막 전략'이 아니다.
시나리오를 만들기 위해 검증하고 실행하고 피드백을 보완했던
나의 발자취를 봐야 한다.

이 시나리오는 나의 시간과 정성이 들어갔기에
비로소 내것이 되었다.
당신의 시간과 정성이 들어가지 않는다면
이 시나리오가 당신에게
일시적으로 돈을 가져다줄 수 있을지는 몰라도
영원한 부를 만들어주진 못할 것이다.

내가 만든 결과물에 초점을 맞추지 말고
나의 시나리오를 활용해
자신에게 어울리는 방법으로
시나리오를 완성하는 데 초점을 두길 바란다.

반토막 시나리오에 대한
당신의 대답

여기까지 읽었다면 당신은 이제 책 서두에 나온
'당신은 이제 무엇을 하시겠습니까?'란 질문에
충실히 답할 수 있게 되었을 것이다.
이제부터 해야 할 것은 내가 했던 이야기가
진짜인지 검증하는 것이다.

누군가는 다음 위기 때 투자하기 위해
새로 주식 계좌를 만들 것이고
누군가는 다음 위기 때 직접 경험한 내용을
자녀들에게 물려주려고 부자 노트를 작성할 것이며

누군가는 다음 위기를 활용하기 위해
생활비를 아껴 적금을 들 것이다.
이러한 행동이 당신을 투자자의 길로 인도할 것이다
그 과정에서 생각지도 못한 것들을 경험하게 될 것이다.
그리고 이 생각과 경험 속에서
마침내 당신만의 투자가 새롭게 열릴 것이다.

명심하자.
성장하는 만큼 생각의 폭이 넓어지고
더 많은 것이 보이고, 더 많은 곳으로 갈 수 있음을.

지금부터는 반토막 시나리오를 만든 이후에
내가 추가로 시나리오를 만들어야 했던 이유와
그 과정에 관한 이야기를 이어갈 것이다.

여기에도 당신이 주목할 만한
시나리오의 비밀이 많다.
이야기를 계속 이어나가 보자.

나는 위기가 아닐 때도 돈을 번다
: 코스트에버리징 시나리오

반토막 전략을 완성하고 나서 가장 아쉬운 부분이 어디였을까?

바로 지속성이었다.

길면 10년에 한 번, 짧아도 3~5년에 한 번 오는 주기가

너무 길다고 느꼈기 때문이다.

투자할 수 있는 자산의 크기가

100만 원이든, 1억이든, 10억이든

단돈 10원이라도 더 벌고 싶었기에

그간 공부했던 내용을 바탕으로 생각을 이어나갔다.

그리고 발견한 첫 번째 방법은

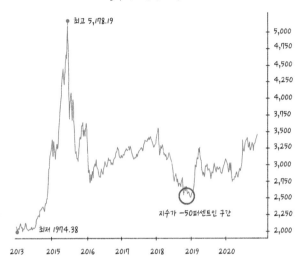

중국 상해종합 지수

최고 5,178.19

지수가 -50퍼센트인 구간

최저 1974.38

2013 2015 2016 2017 2018 2019 2020

다른 나라까지 영역을 확장하는 일이었다.

다른 나라의 지수를 반토막 전략에 대입해보았다.

결과는 성공적이었다.

지수 대부분은 반토막이 난 시점에서 반등이 나왔고

같은 시기도 있었지만 다른 시기도 많았음을 확인하였다.

실제로 2018년 10월 『돈 공부는 처음이라』를 집필하는 도중

원고를 미리 읽었던 출판 관계자가

"작가님, 중국 상해종합 지수가 반토막이 났습니다."라고 했고
나는 망설임 없이 매수의 기회라 말했다.

그 이후 지수는 단기간 급등하였고 시나리오처럼
30퍼센트의 수익률을 챙길 수 있었다.

그분이 투자를 했는지는 모르겠다.

사실 물어보지 않았다.

했다고 했으면 그분의 시간과 정성의 값이다.

하지 않았다면 그만큼 시간과 정성이 없었을 것이다.

짧은 시간에 이야기만 듣고 많은 금액을 투여했을 리가 없다.

내가 찾은 두 번째 방법은
전반적인 지수를 활용한 투자 방법이었다.

지수는 크게 '위기 → 상승 → 하락 → 위기 → 상승 → 하락'을
반복하며 움직였다.

그래서 그것을 활용하여 가장 안정적으로
언제든지 투자를 시작할 수 있는 시나리오를 만들었다.

지금부터 은행 이자보다 높은 수익률을 올리는
가장 안전한 방법을 이야기하고자 한다.

바로 지수를 꾸준히 사는 것이다.

지수를 꾸준히 사는 방법에는 펀드와 ETF가 있다.

만약 돈을 공부하며 소액으로 투자하여

언제든 수익을 내고 싶다면 펀드를 먼저 해보는 것도 좋다.

나는 돈을 공부하는 사람들에게

반드시 소액으로 펀드를 해보라고 하는데,

펀드를 가입하면 두 가지 장점이 있기 때문이다.

첫 번째는 내 돈으로 직접 시장에 투자를 하면

시장에 대한 관심이 늘어난다.

펀드에 가입하기 위해 상품을 찾다 보면

지금 대한민국에서 주목하는 분야가 어디인지 알 수 있다.

인터넷 포털 사이트에서 '펀드'를 검색하여

2020년 3월부터 10월까지의 수익률 10위 안에 드는 펀드를 보면

바이오, 의료기기 섹터, 건강관리 섹터,

신재생 에너지, 미국 주식이 전부다.

이것을 보면 현재 돈의 흐름을 알 수 있다.

코로나의 영향으로 바이오 관련 산업이 주목받고,

세계 증시에서는 미국 시장이 가장 주목받으며,

한국판 뉴딜(그린 뉴딜) 영향으로

신재생 에너지에 돈이 몰리고 있다는 사실을 말이다.

게다가 직접 투자를 하면

주가가 왜 오르고 떨어지는지 저절로 궁금해진다.

그렇게 궁금한 것들을 공부하면

아무런 의미 없이 쌓이는 상식보다

훨씬 값진 지식과 통찰을 얻을 수 있다.

두 번째는 분할 매수의 중요성을 알게 되고,

공포에 사고 환희에 팔아야 한다는

절대적인 진리를 스스로 깨닫는다.

만약 국내 펀드 중에서

지수와 관련된 대표 우량주 펀드에 가입하고

손실을 본 경험이 있다면 그 이유를 맞혀보겠다.

당신이 손실이 났던 이유는 딱 두 가지다.

1. 거치식으로 투자를 했다.

2. 무서워서 납입을 포기했다.

내가 이렇게 확신하는 이유는 한 가지다.

위의 두 가지가 아니면 당신은 절대로 손실을 볼 수 없기 때문이다.

코스피 역사상 5년간 분할 매수해서
수익이 발생하지 않았던 구간은 단 한 번도 없다.
지수의 꼭대기에서 펀드를 가입했어도 5년간 총 60회차를
납입하면 언제든 한 번은 수익을 얻을 수 있다.
그렇다면 이것을 전략으로 활용해보자.
우선 전략에 앞서 간단하게 기본적인 투자의 개념을
알고 넘어가야 한다.

거치식, 적립식 투자
A라는 투자 상품 100만 원어치를 한번에 매수하는 것을
거치식 투자라고 한다. (예금의 개념)
A라는 투자 상품 10만 원어치를 열 번에 걸쳐
매수하는 것을 적립식 투자라고 한다. (적금의 개념)

이 개념이 중요한 이유는 바로 다음에 이해해야 하는 개념인
코스트에버리징(정액 분할 투자법)을 이해하기 위해서다.

코스트에버리징
분할 투자로 평균 매입 단가를 낮추는 역할을 한다.
가격이 높을 때는 적은 수를 매입하고

가격이 낮을 때는 많은 수를 매입하여 매수 단가를 낮춘다.

이해하기 어려울 수 있으니 예를 들어보자.

만약 당신이 매월 10만 원씩 펀드에 투자한다면

주당 가격이 2000원일 땐 50주를 매수할 수 있다.

그런데 다음 달 펀드가 폭락해서 반값이 된다면?

주당 가격이 1000원이기에

같은 값에 100주를 매수할 수 있게 된다.

그러면 평균 매수 단가는 1500원이 될 것이고

당신은 150주를 보유하게 된다.

이렇듯 분할 매수는 당신이 가진 물건이 하락하더라도

지속적인 분할 매수를 통해

당신이 가진 물건의 가치를 일정 수준으로 유지해주는 역할을 한다.

그렇게 유지한 가격은 상승이 왔을 때

수익으로 연결되는 결정적인 역할을 한다.

이 두 가지를 이해했다면

지금부터 내가 제시하는 돈의 시나리오는 다음과 같다.

매월 자신의 소득 10퍼센트를 펀드에 투자한다.

이때 중요한 건 60개월 동안 같은 금액이 들어가야 한다는 것이다.

만약 당신의 소득이 300만 원이라고 한다면

30만 원씩 투자하면 된다.

목표 수익률은

10퍼센트, 20퍼센트, 30퍼센트, 40퍼센트, 50퍼센트로 설정한다.

총 다섯 번의 수익 구간에서

보유하고 있는 자금의 20퍼센트씩을 매도한다.

(펀드 상품은 중도 인출, 부분 환매가 가능하다.)

예를 들어 30만 원씩 스무 번을 납입하고

10퍼센트 수익을 얻었다면

원금이 600만 원, 수익이 60만 원이 되었을 것이다.

그럼 660만 원 중 20퍼센트인 132만 원을 인출하는 것이다.

인출된 금액은 따로 모아두면서 계속 이 작업을 반복해나간다.

20퍼센트 수익 구간이 올 때까지 말이다.

만약 20퍼센트 수익선이 오지 않고

다시 마이너스 수익률이 된다면?

목표 수익률을 리셋하고

다시 10퍼센트 구간에서부터 매도하면 된다.

가령 10퍼센트 수익을 보고 난 뒤

마이너스 수익률이 되었다면 걱정하지 말고

다시 10퍼센트 수익이 났을 때 20퍼센트를 매도한다는 생각으로
자금을 지속해서 넣으면 되는 것이다.
그렇게 되면 반드시 다시 10퍼센트 수익 구간이
60개월 안에 나오게 된다.
코스피 지수의 역사를 보면 어떠한 위기에서든
(그것이 설령 국가 부도 사태라도) 이 방식은 언제나 옳았다.

그렇다면 수익이 나서 찾아둔 자금은 어떻게 해야 하는가?
모두 모았다가 위기가 닥치면
주식 투자 자금으로 활용해도 좋고
수익이 생길 때마다 60등분으로 나눠
30만 원에 수익금까지 더해 납입하며 복리로 활용해도 좋다.
가령 매달 30만 원씩 넣는 당신에게 수익금 60만 원이 생겼다면
그다음부터는 30만 원에 60만 원을 60개월로 나눈 돈,
즉 1만 원을 더해 31만 원을 납입하면 되는 것이다.

이러한 시나리오가 가능한 이유는
하락기가 5년 이상 지속한 적은 없고
5년이 지나고는 빠르게 상승기로 돌아서는 지수의 속성을
이제 우리는 알고 있기 때문이다.

어떠한가?

지금 우리가 직접 실행하는 이 투자 방식에

특별한 금융 지식이 필요한가?

그저 지수를 안다는 그것만으로도

생각보다 많은 것들을 이뤄낼 수 있다.

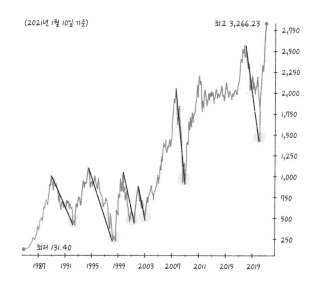

이제 당신이
내게 질문을 던질 차례

지금까지 나는 지수를 중심으로 한

나의 핵심 시나리오를 당신에게 보여주었다.

위기를 기점으로 큰 수익을 낼 수 있는 반토막 시나리오에서

시장의 상황과 관계없이 원만한 수익을 낼 수 있는

코스트에버리징 시나리오가 그것이다.

이런 시나리오를 만드는 데 필요했던 것은

높은 지식이나 고급 정보가 아니었다.

모두에게 공개되는 공평한 지표인 지수에서

내 모든 시나리오는 출발했다.

전업 투자자인 나는 지금도
이 두 가지를 중심으로 투자를 이어나가고 있다.
물론 이외에도 단기 매매에서 수익을 얻는
투자 전략 역시 존재한다.
지면이 부족하기도 하고
무엇보다 그 투자 전략은 단순화시켜 설명하기에는
너무나 복잡한 경험과 실행의 합산으로 만들어졌기에
여기서는 밝힐 수 없음을 이해하길 바란다.

하지만 한 가지 확실하게 약속할 수 있는 것은
나의 시나리오가 만들어지는 모든 과정을
이 책에 충실히 담았다는 것이다.
이 시나리오가 당신에게
이정표가 아닌 나침반이 되길 바란다.

단순히 나의 말만 따라해도
충분히 수익은 낼 수 있다.
하지만 나를 넘어서지는 못할 것이다.
청출어람은 가르쳐준 이의 벽을
스스로 깨었을 때 가능하기 때문이다.

당신에게도 지수를 활용한 당신만의 시나리오가 생기길 희망한다.
시나리오를 만들며 내가 느낀
투자자의 희열과 기쁨이 당신에게도 전달되길 바란다.
그리고 어느 날 당신이 나를 찾아왔을 때
당신의 시나리오를,
그 시나리오를 통해 만든 당신의 부를
내게 자랑할 수 있길 바란다.

"당신은 이제 무엇을 하실 겁니까?"라는 나의 질문을 시작으로
내 시나리오가 당신에게 전달되었듯이
"내가 만든 시나리오와 시나리오를 만들어간 과정이 어떻습니까?"
라는 질문으로 당신의 시나리오가 내게 전달되길 희망한다.

이젠, 당신이 움직일 차례다.
당신만의 질문을 만들 차례다.

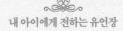

모든 기준은 결국
나 자신이 정해야 하는 거란다

주식 시장에는 크게 두 가지의 투자법이 존재해.

바로, 가치 투자와 단기 투자야.

우선 이 둘의 차이를 잠시 살펴볼까?

가치 투자는 기업이 가지고 있는

기본적인 가치를 보고 투자를 하는 방법이야.

그래서 기본적 분석을 통한 투자법이라고도 하지.

그 기업의 가치가 계속 올라간다고 생각하면

비교적 오랜 시간 보유하기에 장기 투자 혹은

스윙 투자라고도 불러.

가치 투자 = 기본적 분석을 통한 투자 = 장기 투자

단기 투자는 단기간에 매수와 매도를 진행하여

수익을 창출하는 투자법이야.

기업의 가치를 추종하기보다는

차트를 분석하며 투자를 진행하기 때문에

차트 투자라 불리기도 하며

차트를 분석하는 기술이 우선이기 때문에

기술적 분석을 통한 투자라 불리기도 하지.

단기 투자 = 기술적 분석을 통한 투자 = 차트 투자

어떤 투자법이 더 좋을까?

지난 수백 년간 많은 사람이 이에 관해 논쟁을 펼쳤어.

결론부터 이야기하자면

더 좋은 것을 찾는 것은 아무런 의미가 없어.

중요한 것은 어떤 방법으로든

'내가 돈을 벌었는가 못 벌었는가?'이니까.

모든 투자는 수익에 초점을 맞춰야 한단다.

수익에 초점을 맞춰서 이야기하면 너무 간단해지거든.

예를 들어 A라는 기업이 있어.

당시 기아차 수준인 시가총액 10조 원이었으니 대단히 큰 회사였지.

미래를 위한 대체에너지 관련주였고

세계 1위 기술력을 보유하며

실적 역시 세계 1위를 달리고 있어서 성장성도 좋았지.

가치 투자를 하는 사람들과 언론에서는

A기업이 대단하다고 얘기했어.

그 결과 A기업에 투자하는 사람이 많아지고

시장의 관심을 폭발적으로 받게 돼.

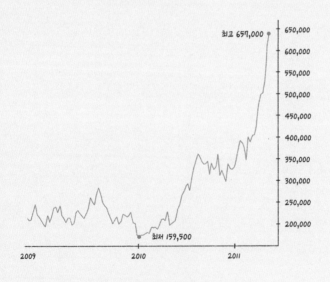

이때 투자자 B씨가 가치 투자를 한다며 A기업에 투자를 시작하지.

그런데 아무런 사건 없이 A기업이 갑자기 폭락하기 시작해.

60만 원부터 분할 매수를 했던 B는 조급해지기 시작하지.

불과 5개월 만에 주가는 20만 원대로 내려갔거든.

너였다면 어떻게 해야 할까?

팔아야 할까? 사야 할까?

똑똑한 내 딸이라면 이렇게 대답할 수 있어.

"그건 모르죠. 어떤 회사인지도 모르고

PER이 몇인지, PBR이 몇인지, 실적이 얼마나 나오는지

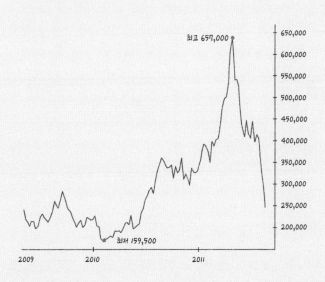

부채 비율은 얼마인지, 성장성이 얼마나 둔화하였는지
알 수 없으니까요."라며 말이야.

그런데 그걸 다 안다고 너는 수익을 낼 수 있을까?
확신에 차서 투자를 진행할 수 있을까?
눈치가 빠른 너라면 내가 무엇을 이야기하고 싶은지
이제 알 수 있을 거야.
가치 투자인지 단기 투자인지가 중요한 게 아니라는 거야.
네가 투자해서 수익을 낼 수 있는지 없는지를 기준으로 삼고
지금 팔 것인지 살 것인지 스스로 판단할 수 있으면
어떤 방법이든 너에겐 최고의 투자 방법이 되는 거지.

A라는 종목은 가상의 종목이 아니야.
실제로 있는 주식, 바로 악명 높다고 평가받는 OCI야.
그 이후 이 주식의 가격은 60만 원에서 하락하여
10년이 지나고 2만 원대까지 하락,
2020년 12월인 지금도 8분의 1 가격인 8만 원대를 유지하고 있어.
급등락이 심한 이 주식은
많은 사람에게 최악의 종목으로 기억되지만
나에게 가장 좋아하는 종목을 물어본다면 늘 OCI이라고 말한단다.

최고 657,000

650,000
600,000
550,000
500,000
450,000
400,000
350,000
300,000
250,000
200,000
150,000
100,000
50,000

최저 26,450

2009 2010 2011 2012 2013 2014 2015 2016 2017 2018 2019 2020

나는 단 한 번도 OCI에 투자하며 손실을 본 적이 없었고
주식 시장에서 거래할 수 있는 2800개가 넘는 종목 중에서
단일 종목으로 가장 많은 돈을 벌었던
아주 고마운 종목이기 때문이야.
그래서 나에게 "어떤 종목이 좋나요? 추천해주세요."
라는 질문은 아무런 의미가 없어.

나도 처음에는 가치 투자로 시작했어.
가치 투자에 관한 책을 수십 권 넘게 읽었고

가치 투자에 관한 교육도 많이 들었지.

가치 투자를 통한 매매도 상상 이상으로 많이 해봤어.

그러나 지금은 단기 투자를 주로 하는 투자자가 되었지.

왜 가치 투자를 안 했냐고 물어본다면

PER, PBR, 당기 순이익, 성장성 등을 공부하고도

지금 사야 하는지, 말아야 하는지의 기준을

스스로 만들지 못했기 때문이야.

대신 기술적 분석을 해서

수익이 나는 기준을 스스로 만들었기 때문에

10년 이상 이 방법을 활용하고 있지.

많은 사람이 차트를 보고 투자하면

재무제표를 무시한다고 오해해.

반대로 가치 투자를 하면 차트를 보지 않는다고도 생각하지.

하지만 어디에 중점을 두는지의 차이일 뿐

둘 다 차트와 재무제표를 본단다.

가치라는 것에 대한 의미도

장기, 단기라는 것에 대한 의미도 해석하기에 따라 달라.

누군가에게는 PER, PBR 같은 것이 가치가 될 수 있고

누군가에게는 성장성이 가치가 될 수 있고
누군가에게는 매출액과 당기 순이익이 가치가 될 수 있지.

장기 투자와 단기 투자도 마찬가지야.
누군가에겐 장기가 1개월이 될 수 있으며
누군가에겐 장기가 1년이 될 수 있고
누군가에겐 장기가 10년이 될 수 있어.

내가 OCI로 가장 많은 돈을 벌 수 있었던 건
차트에 기반한 가치 투자와 장기 투자를 했기 때문이야.
나에게는 투자하는 동안 망하지 않는 게 가치이며,
스스로 통제할 수 있는 기간인 1~3개월이 장기라고 생각해.

끝으로 이런 기준이 꼭 주식에만 적용되는 것은 결코 아냐.
창업에서도 누군가는 프랜차이즈로, 누군가는 개인 창업으로
누군가는 인터넷 박리다매로, 누군가는 브랜드 메이킹으로
서로 다른 기준을 두지.
부동산에서도 누군가는 경매로, 누군가는 갭 투자로
누군가는 상가 매매로, 누군가는 분양권 투자로
그 기준은 모두 다르다는 거야.

그러니 서로 기준이 달라도

옳거나 틀리다고 생각하지 않았으면 좋겠어.

"수익을 낼 수 있는 기준이 있는가?

살 것인가? 팔 것인가?"

에 대한 답변을 스스로 낼 수 있는 기준이면 충분하단다.

시나리오가 온전히 당신 것이 되기까지

돈의 시나리오를 완성하기 위한
마지막 조언을 시작하고자 한다.

세상에는 두 가지 종류의 돈이 있다.
가난한 자의 돈과 부자의 돈이다.

둘 다 자신의 시간을 시장에 내다 팔아
얻은 돈이라는 점은 같지만
시간을 돈으로 바꿀 때 값을 결정하는 주체가 다르다.

가난한 자의 시간은 시장이 가격을 정한다.
시급이나 월급 혹은 연봉 따위로 말이다.
아르바이트냐, 계약직이냐, 정규직이냐
중소기업에 취업하느냐, 대기업에 취업하느냐에 따라
자신의 시간과 교환한 돈의 크기가 달라진다.

시장의 기준에 따라 돈을 받는다는 건
자신의 월급을 스스로 결정할 수 없다는 의미다.
개인의 노력으로 값을 올리는 데도 한계가 있다.

시장은 개인보다 강자이기에
개인의 사정을 배려하며
시간의 값을 높게 쳐주지 않는다.
결국 가난한 자의 돈은 자기 결정권이 없다.
시간이 지날수록 연봉이나 월급은 올라가겠지만
시장이 허락한 범위 내에서만 가능하다.
그래서 가난한 자의 돈은
기하급수적으로 늘어날 수 없고
아무리 시간이 지나도 부를 안겨주지 못한다.

가난한 자의 돈

돈

시간

반면 부자의 시간은 본인이 가격을 결정한다.

자신의 시간을 시장에 팔아 얼마를 벌 것인지를

스스로 결정하는 것이다.

스스로 만든 기준, 즉 돈의 시나리오가

자기 시간의 값을 결정하는 힘이다.

가난한 자가 10년간 모아야 얻을 수 있는 돈을

부자가 1년 만에 벌 수 있는 건 자기만의 시나리오로

자기 시간의 가치를 만들어낼 수 있기 때문이다.

그들은 시장을 결정한다.

그들은 시장 위에 존재한다.

이 말만 들으면 누구나 가난한 자의 돈보다

부자의 돈을 선택하고 싶을 것이다.

하지만 대부분의 사람은 부자의 돈을 선택하지 못한다.

오히려 자발적으로 가난한 자의 돈을 선택하기도 한다.

부자의 돈을 만들기 위해서는

돈을 벌지 못하는 시간을 견뎌야 하기 때문이다.

17년 전 나는 부동산으로 투자자의 길을 걷기 시작했다.

6년에 가까운 시간 동안 월 200만 원의 월급을 받으면서

그 돈으로 주식 투자에 대한 시나리오를 만들어갔다.

주식을 하면서도 수많은 시간을

시나리오 연구와 검증, 전문가의 만남, 배움에 할애했다.

총 8년이 넘는 기간 동안 내가 투자로 얻은

수익은 0에 가까웠다.

8년간 나는 내 시간을 돈으로 환산하지 못했다.

하지만 그 기간이 있었기에

서서히 나만의 시나리오를 만들었고

어느 순간이 되니 돈은 기하급수적으로 늘어났다.

투자자로 성공한 모든 이의 이야기에는

돈이 되지 않는 일에 보낸 수많은 시간이 포함되어 있다.

시간을 버리는 것 같은 그 시기 없이는

어떠한 사람도 성공하지 못한다.

흔히 깡통을 세 번 차야 주식 고수가 된다고 한다.

깡통을 세 번 찬다는 것은

계좌의 돈을 모두 날린다는 의미다.

반드시 주식 투자에 실패해야만

고수가 될 수 있다는 뜻은 아니다.

하지만 주식 투자 고수는

자신만의 방식을 발견하기 전까지

돈을 벌지 못하는 시기를 한 번쯤은 겪는다.

부자가 되기 위해서 이 시간은 반드시 필요하다.

그래서 부자의 돈은 모두 계단식 그래프를 그리고 있다.

만약 당신이 부자의 돈을 얻고 싶다면

다음의 그래프를 이해하고 반드시 두 가지 행동을 해야 한다.

부자의 돈

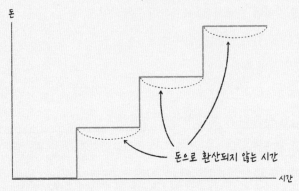

돈으로 환산되지 않는 시간

그래프에서 가장 먼저 주목해야 하는 것은
그래프의 상승 구간이 아니라 정체 구간이다.
만약 당신이 아직 가난한 돈만 갖고 있다면
그 이유는 간단하다.

아직 돈이 되지 않는 일에
시간을 투자할 용기나 확신이 없기 때문이다.
당장 시간을 돈으로 환산하지 못하면
수입이 없어지는 게 두렵기 때문이다.

빈익빈부익부 현상이 가속화하는 이유가 여기에 있다.

경제적으로 여유로운 사람들은

당장 돈이 되지 않는 일을 하면서도 버틸 수 있지만

경제적으로 힘든 사람은 당장의 수입을 포기할 수 없기 때문이다.

더욱 큰 문제는 대부분 부자의 돈 그래프에서

상승 구간에만 관심을 둔다는 것이다.

저 부자는 어떻게 자신의 돈을 한번에 불렸는지만 궁금해한다.

하지만 급격한 상승 구간은 수입 없는 시간을 견딘 대가다.

세상에는 시간이 지나야만 자신의 것이 되는 것이 존재한다.

상승 구간의 비밀을 아무리 듣는다고 해도

충분한 경험을 하지 못하면 비법은 자신의 것이 되지 못한다.

뛰어난 운전 기사가 찾아와서

운전에 대한 모든 것을 가르쳐준다고 하더라도,

훌륭한 책을 통해 열심히 운전을 배우더라도

초보 운전자가 갑자기 레이서처럼 운전할 수는 없다.

이론을 잘 아는 것과

실제로 행동하는 건 전혀 다르다.

훌륭한 운전 기사가 되려면 오랜 경험을 해야 한다.

투자도 마찬가지다.

이론과 실전 경험을 동시에 습득해야 하며

돈이 되지 않는 기간을 견뎌야 한다.

정말 다행인 것은 투자자로 성장하기 위해 필요한

양질의 정보가 폭발적으로 늘어났다는 사실이다.

뛰어난 전문가가 쓴 책이나, 현업 투자자의 유튜브 채널,

그 밖의 여러 강연으로 정보를 쉽게 접할 수도 있다.

우리의 노력에 따라서 돈이 되지 않는 시간이

과거보다 훨씬 짧아질 수 있다는 의미다.

내가 8년간 시간을 투자하여 얻었던 돈의 시나리오를

지금 시대에는 1년 안에도 충분히 만들 수 있다.

물론 어떠한 양질의 정보나 좋은 환경도

돈이 되지 않는 시간을 없앨 순 없다.

아무리 뛰어난 교육을 받더라도

처음 운전대를 잡았을 땐 떨리는 마음으로 운전해야 하고,

많은 경험을 쌓아야 하듯

돈이 되지 않은 시간은 시나리오 완성에 있어서도 필수적이다.

부자의 돈을 탐한다면
계단의 세로 구간보다는 가로 구간을 들여다보고,
그 구간이 필요하다는 것을 인정하고
묵묵히 지나갈 각오를 세우는 것.
이것이 부자의 돈을 위해 당신이 해야 하는 첫 번째 행동이다.

두 번째로 가로 구간을 지날 때는
수익 실현이 아닌 손실 방지를 목표로 두어야 한다.
당신은 반드시 정체 구간을 지나야만 한다.
이 정체 구간에서 당신이 주로 해야 하는 일은
끊임없는 실행과 검증이다.
이 구간에서도 당신은 투자를 해야 한다는 뜻이다.
투자는 항상 손실을 감수해야 한다.
이 구간을 지나는 동안에는
투자를 하면서 큰돈을 잃지 않기 위해 노력해야 한다.

세 번 깡통을 차는 동안 주식 투자자가 배우는 것은
주식에 대한 자기만의 기준과 철학이다.
이 기준과 철학은 보통 돈을 잃으면서 배운다.
대부분 자기에게 정체 구간이 오지 않을 것처럼 투자하기 때문이다.

처음부터 본인 능력보다 과하게 자본을 투여했기 때문이다.

혹자는 그 시기가 있었기 때문에

자신이 더욱더 성장하였다고 말한다.

아픔이 큰 만큼 성장도 크다는 말을 부정하고 싶은 생각은 없지만

이왕이면 아프지 않고 성장하는 게 더 좋다.

재미있는 것은 그렇게 아픔을 겪고

그 아픔을 재료로 성장했다고 말하는 성공한 투자자들도

결코 자신의 주변 사람들에게는

자신의 경험을 정당화하지 않는다.

오히려 많은 돈을 잃고 투자를 배운 사람일수록

주변에는 배움의 과정에서 돈을 잃지 않도록 노력하라고 강조한다.

많은 돈을 잃고 나서야 깨달았다는 사실을 그들도 알고 있다.

많은 돈을 잃지 않고서도

투자의 비법에 도달할 수 있다는 사실을 말이다.

정체 구간을 지나면서 자신에게 되뇌어야 한다.

'나는 이 구간에서 절대로 돈을 벌 수 없다.'

'그렇기에 이 구간에서 큰돈을 잃지 않도록 자금을 조절할 것이다.'

정리해보면, 부자의 돈을 탐하기 위해서는

반드시 정체 구간을 지나야 하고,

그 구간을 큰 손실 없이 지나가기 위한 행동을 해야 한다.

이것이 나의 첫 번째 조언이다.

정체 구간을 손실 없이 잘 지나갔다면

이제 돈이 수직 상승할 수 있는 기회를 잘 잡아야 한다.

지금부터 차근차근 설명해보겠다.

내가 처음 가상화폐에 투자해야겠다고 마음을 먹었던 시기는

가상화폐 거래가 전 국민의 관심을 받은 2017년이었다.

비트코인이 1000만 원에서 2000만 원을 향해 갈 때였다.

전문가들은 비트코인 가격이

오를 수밖에 없는 수백 가지 이유를 말했다.

블록체인의 획기적인 기술력 덕분에

안전자산인 금을 대체하거나

법정화폐를 대신할 수 있다고 말이다.

당시에는 그 말이 모두 옳았다.

실제로 2000만 원까지 올랐기 때문에

누구도 반박하지 못했다.

상승장이었기에 당시 가상화폐를 매매하는 사람은
모두 전문가처럼 보였다.

실제로 태어나서 투자를 한 번도 안 해봤고,
그저 게임 방송을 진행하던 지인의 동생도
우연히 가상화폐에 1000만 원을 투자하여
5000만 원에 가까운 수익을 올리자
가상화폐 전문가로 전향했다고 한다.
돈을 받고 리딩을 하며,
정보를 주는 투자 전문가가 된 것이다.
정말 어처구니가 없었다.

또한 당시 서점에는 비트코인에 투자해야 한다는
책이 우후죽순으로 쏟아져 나왔고,
너도나도 가상화폐 시장에 뛰어들었다.
그렇게 가상화폐 시장이 커지는 것을 보고
'이 시장이 사라지지는 않겠구나.'라는 생각을 하게 되었고
투자를 진행하겠다고 마음먹었던 나는
관련된 지식이 하나도 없었기에 기본서를 구매하였다.
그렇다면 나는 언제 비트코인 투자를 시작했을까?

가격이 2000만 원을 향해 올라가고 있을 때? 아니다.

나는 비트코인 가격이 하락하기만을 기다리고 있었다.

모든 투자물에는 사이클이 존재하기 때문이다.

그 사이클은 크게 위기→ 상승→ 하락 세 구간을 무한 반복한다.

내가 비트코인에 관심을 가졌을 때는 누가 봐도 상승기였다.

97퍼센트의 사람이 대부분 관심을 가지는 시기였다.

그들은 아직 늦지 않았다며 아무런 준비 없이 돈을 투여했다.

상승기에 수익을 올린 사람들은 누구였을까?

상승기가 오기 전에 미리 준비했던 사람들이다.

하락기는 상승기에 아무런 준비 없이

투자했던 사람들의 후회로 시작되고

누구도 더는 시장에 관심을 가지지 않을 때 마무리된다.

비트코인도 마찬가지다.

비트코인으로 큰돈을 번 사람들은

아무도 관심을 가지지 않았을 때부터

비트코인에 관한 공부를 했던 사람일 가능성이 크다.

가상화폐와 관련된 일을 하는 사람일 수도 있고

혹은 운이 좋아 그냥 투자를 해봤던 사람일 수도 있다.

그것이 운이든 실력이든 당시에는 돈이 되지 않았던 투자물에
미리 시간과 정성을 쏟았던 사람들이
투자물이 돈이 되는 상승기에서 수익을 얻을 수 있었다.
상승기를 놓쳤던 투자자들이 '아, 사둘걸.'이라며 후회하는 것은
아무런 준비도 하지 않았다는 말과 같다.

알베르트 아인슈타인은
"어제와 같은 오늘을 살면서
새로운 내일을 바라는 것은 정신병 초기 증상이다."라는 말을 했다.
나 역시 아무런 준비 없이 지금보다 더 많은 돈을 벌 수 있다는
생각을 해본 적이 단 한 번도 없다.
10원이라도 더 벌기 위해서는 작은 변화라도 있어야 한다.

즉, 오르고 있는 상승장에서는
하락장 또는 위기가 왔을 때
수익을 볼 수 있는 방법을 준비하고
하락장이거나 위기가 왔을 때는
상승장에서 수익을 보기 위해 준비하면 된다.
나는 하락기에 비트코인을 매수했고
내가 설정한 기준에 따라 상승기에

30퍼센트, 50퍼센트, 100퍼센트의 수익을 얻었을 때 매도하였다.

2017년 말, 지수가 상승기를 달리던 시절에도
나는 위기를 미리 준비하자는 말을 지속적으로 했다.
이 말을 듣고 미리 준비했던 사람들은
많은 수익을 얻었겠지만
상승기에 취해 하락기를 생각하지 않은 사람들은
하락기에 수익을 얻지 못했을 것이다.
상승기 때 하락기를 대비하지 않고 많은 돈을 투자해
하락기 때 두려움을 이기지 못하고
최저점에서 매도했을 가능성이 더 크다.

우리는 항상 시장의 어디쯤에 자리잡고 있다.
그 지점이 상승기인지, 하락기인지는 중요하지 않다.
중요한 것은 그 시기를 준비 없이 맞았다면
미련 없이 그 시기를 버리라는 것이다.
미련을 가지고 그 시기에 합류해본들
당신은 결코 부를 만드는 마법 같은 시나리오를 손에 넣지 못한다.
그렇기에 더더욱 자신이 속한 시기의 다음을 준비해야 한다.
상승기라면 하락기를 지금부터 준비해야 하고

하락기라면 상승기를 지금부터 준비해야 한다.

기회는 그리스어로 카이로스(Kairos)다.

특별한 시간을 의미하기도 하고

그리스 로마 신화에 나오는 기회의 신의 이름이기도 하다.

카이로스의 앞머리에는 긴 머리카락이 있지만 뒤는 대머리다.

그리고 발과 어깨에 날개가 달렸다.

기회는 왔을 때 잡지 않으면

너무 빨리 도망가기에 잡을 수 없다는 걸 상징한 것이다.

대부분은 카이로스를 보고

'기회는 반드시 잡아야지'라는 마음만 앞서

아무런 준비 없이 많은 돈을 투여한다.

그러나 좀 더 자세히 보면 카이로스가 양손에

칼과 저울을 쥐고 있다는 사실을 알아차릴 수 있다.

기회를 잡으려면 기회의 무게와

우리가 쏟은 시간과 정성의 무게를 저울질해봐야 한다.

준비되어 있지 않은 자가 저울의 균형을 무시하고

어설프게 기회를 잡으려고 발버둥친다면

카이로스의 칼은

자신에게 향한다는 것을 명심해야 한다.

마지막으로 이 말을 하고 책을 마치려 한다.
책이 완성되어갈 때쯤 돌아보니
내가 이 책을 끝까지 완성하려고 했던 이유 중 하나는
당신의 삶이 뜨거워지길 바라는 마음 때문이었다.
지금의 내 삶처럼 말이다.

첫 책을 출간하고 상담을 요청하는 사람이 무척 늘었다.
그들에게는 공통점이 있었다.
간절히 돈을 원하지만,
현재 삶에서 돈은 가질 수 없는 파랑새같은 거였다.
그들에게 직접 돈을 안겨줄 방법은 없었다.
그저 지금까지 책에서 했던 이야기를
상담을 통해, 강연을 통해 그들에게 전할 뿐이었다.
나를 만나기 위해 소중한 시간을 투자한 그들에게 보답하려고
여러 방법을 제시해주었다.
물론 이런 과정이 항상 유쾌하지만은 않았다.

같은 이야기를 반복하는 듯한 느낌에

매너리즘을 느끼기도 했었고

힘든 이야기를 자주 들어야 하기에

그들의 하소연이 내 안의 우울로 찾아온 적도 있었다.

그런데도 지난 2년간 수천 명이 넘는 사람을 만나며

상담을 멈추지 않았던 이유는 그들이 나의 이야기를 듣고 난 뒤

삶을 뜨겁게 만드려는 의지를 보일 때

전에 없던 뿌듯함을 느꼈기 때문이다.

"비로소 무엇을 해야 하는지 알겠어요."

"이 이야기를 진작 들었으면 좋았을걸."

"직장을 다니는 목적이 생겼어요."

"하찮게 여겼던 일들이 모여 하찮지 않은 것들이 되는 걸 알았어요."

불안감을 가지고 나를 찾아온 사람들은

각기 다른 뜨거움을 느끼고 돌아갔다.

그때 내가 전하는 이 이야기가

듣는 이의 가슴을 뜨겁게 만들 이야기임을 확신했다.

돈의 시나리오를 써나가면

삶의 모든 시간을

오직 자신을 위해 쓸 수 있게 된다.

우리가 삶이 힘들고 불행하다고 느끼는 이유는
단편적인 사건이 괴롭혀서가 아니라
대부분의 시간을 자신이 아닌 남을 위해 쓰고 있기 때문이다.

자신을 위해 쓰는 시간은 사용되는 가치다.
남을 위해 쓰는 시간은 소모되는 가치다.
삶의 가장 중요한 자산인 시간을 소모하고 있기에
불안하고, 불행해지는 것이다.

나는 돈에 대한 자기만의 시나리오가
불행의 연결고리를 끊을 수 있는 계기임을 확신한다.
당신의 불행이 어디서부터였는지
언제부터였는지는 중요하지 않다.
지금이 바로 고장 난 시곗바늘을 다시 돌릴 때이며
식었던 마음을 다시 뜨겁게 달굴 때이다.

가르칠 순 없지만, 배울 수는 있는 것

- 제갈현열

일전에 선물 옵션 트레이더 출신의
대표님과 대화를 한 일이 있다.
선물의 끝은 한강 물이라는 우스갯소리를
예전부터 들었던 탓에
내게 선물 옵션은 굉장히 위험한 것이었다.
그분께 선물 옵션에 대해 자세히 물어보았다.
그분의 대답 중 가장 기억에 남았던 것은
선물 옵션은 가르칠 순 없고 다만 배울 수 있다는 말이었다.

트레이더마다 각기 다른 방식으로 투자를 하는데

이론이나 법칙만으론 설명하기 어렵다는 것이다.

그래서 일정한 공식처럼 알려주는 것이 불가능하단다.

하지만 처음 트레이더 일을 시작하면

선배 트레이더로부터 많은 것을 배운다고 한다.

선배가 알려주는 것을 공부하는 것이 아니라

그가 트레이딩하는 방식이나 패턴을 지켜보며

그걸 참고하여 각자 자신만의 방식으로 만들어간다고 한다.

그래서 선물은 가르칠 순 없고,

다만 배울 수 있는 것이었다.

이 책을 마무리하고 나니

저 말이 비단 선물에 관련된 말은 아닐 것이란 생각이 들었다.

돈의 시나리오 역시 마찬가지일지도 모른다.

김종봉 대표 주변에는

함께 전업 투자를 하는 친구들이 꽤나 많다.

그들은 모두 기본적으로는

김종봉 대표와 같은 투자 기법을 따른다.

그럼에도 김종봉 대표만큼 많은 돈을 번 사람은 없다.

같은 기법으로 매매를 하는데 왜 결과가 다른지 궁금했다.

이 궁금증을 여러 사람에게 물어보니 그중 한 친구가
그는 우리가 보지 못하는 것을 보기 때문이라 대답했다.

하지만 누구도 그것이
김종봉 대표가 가진 재능이라 말하지 않았다.
다만 자신들 중 김종봉 대표가 가장 오랜 시간
투자를 업으로 삼았고
지금도 가장 오랜 시간 자리에 앉아
차트를 보고 있기 때문이라 말했다.
자신들이 보지 못하는 것을 보는 힘은
결국 김종봉 대표가 스스로 투자한 시간의 결과였다.

수만 시간 넘게 투자에 몸담으며 깨달은 법칙들을,
그로 인해 만들어진 돈의 시나리오를
과연 다른 사람들에게 모두 정확하게 알려줄 수 있을까?
그럴 수 없을 것이다.
알려주기 싫어서가 아니라
그 오랜 시간을 공부하며 깨달은 것들이
누군가에게 완벽히 설명할 수 있는
딱 떨어지는 성질의 것이 아니기 때문이다.

하지만 각자의 방식으로 배워갈 순 있다.
만약 자기 스스로 그럴 의지와 노력이 있다면 말이다.
나도 이 책을 쓰면서 나만의 돈의 시나리오를 쓰는 중이다.

비교적 김종봉 대표가 내게 많은 것들을 알려줬지만
그의 것을 그대로 실행하기엔 내 담력이 그렇게 크지 않아서,
남의 것을 그대로 실행하기엔 내가 그렇게 살아오지 못해서
알려준 내용을 기본으로 나만의 방식을 찾아가고 있다.
그러다 보니 번번이 그에게 핀잔을 듣기 일쑤다.
투자를 도박처럼 생각하고 접근하지 말라며
어설픈 방식에 너무 큰돈을 쓰는 것 아니냐며 말이다.

우습게도 실제로 그 과정에서
김종봉 대표가 돈을 벌 때 나는 돈을 잃는 중이다.
하지만 어떠랴.
가르칠 수 없는 것들을 배워간다고 생각하니
이 과정이 나에겐 큰 가치가 있다.

내 업은 결코 김종봉 대표의 그것과 다르기에
내 배움에는 한계가 있겠지만

내 노력의 전부를 사용하진 못하겠지만

분명히 이 시간과 노력이

조금 더 나은 돈의 세계로 나를 이끌 것이다.

당신들 역시 그러하였으면 좋겠다.

이번 책에는 꽤 좋은 시나리오들이 들어 있다.

그 시나리오를 어떻게 활용할지는 온전히 여러분의 몫이다.

누군가는 지식의 하나로 머릿속에만 담아둘 것이고

누군가는 유일한 방법으로 이것만 답습할 것이다.

그리고 누군가는 이 시나리오를 표본으로

더 많은 공부를 시작하고,

결국 자기만의 시나리오를 완성할 것이다.

확신하건대 그 사람이 부를 이룰 것이다.

그 사람이 이 책을 읽고 있는 당신이 되었으면 한다.

책에는 모두 담지 않았던, 아니 담을 수 없었던 가르침에서

당신이 어떤 배움을 스스로 얻을 수 있을지를 상상해본다.

부디 바라건대 이 책을 쓰며 '돈'과 '시나리오' 다음으로

가장 많이 언급했던 단어가

'스스로, 시간, 정성, 고민, 경험, 실천, 검증'인

이유에 대해 당신이 한 번쯤은 깊게 생각해봤으면 한다.
이 책에 쓰인 방식과 전혀 다른 것을 꿈꾸는
나조차도 그리했으니
이 책에 쓰인 방식과 같은 결에서
부를 꿈꾸는 당신이라면 더더욱.

이번 책은 특히나 힘들었다.
가르칠 수 없는 것들을 가르치려 해서 그랬나 보다.
둘 다 책을 쓰며 멘탈이 자주 가출했다.
사실 아직 몇 놈은 돌아오지도 않았다.
오늘은 집 나간 멘탈들을
소주 한 잔에 다시 집으로 꾀어 와야겠다.

김종봉 대표의 투자 강의에 쏟아진 찬사

◆ 많은 사람이 이 강의를 듣지 않았으면! 그리고 JB 대표님이 더이상 유명해
   지지 않았으면! 최소한 내가 부자가 되기 전까진.

- 김*명

◆ 이 강의는 미쳤다. '남을 배려하지 마세요. 눈치도 보지 마시고 여러분을
   위해 사세요. 남의 눈치를 보느라 우리의 꿈이 멀어져 가는 모습을 보는 건
   너무 슬픈 일이잖아요. 돈의 시나리오 노트에 다 쓰세요. 남들의 생각따원
   신경 쓰지 말고, 내가 원하는 모든 것, 내가 하고 싶은 모든 것을 생각하고
   적어보세요.' 이 말에 드디어 나는 나답게 살기 시작했다.

- 오*진

◆ 단 몇시간 만에 100명이 넘는 사람의 공감을 이끌어 내는 것은 경험에서
   나오는 통찰력 없이는 불가능하다. 그의 강의에서 그가 경험한 15년간의
   세월이 보였다. 덕분에 나는 드디어 투자의 길을 찾았다.

- 채*동

◆ 돈을 벌고 싶다는 이상과 앞으로 마주할 현실의 괴리에 좌절감과 무력감을 느끼던 시기가 있었다. 바로 그때 저자의 전작 『돈 공부는 처음이라』를 읽고 이 강의를 듣게 되었다. 왜 이런 고민을 했는지 부끄러워질 정도로 눈이 번쩍 뜨였고, 비로소 앞으로 나아가야 할 삶의 방향을 잡았다.

- 최*희

◆ 그동안 공부한답시고 그날 그날의 환율을 확인하고 금리의 변화를 예측하는 것이 얼마나 쓸데없는 짓이었나를 알게 되었다. 그의 강의를 듣고 비로소 투자를 하기 위해 실질적으로 무엇을 어떻게 해야 하는지를 깨달았다. 이제야 진짜 돈 공부를 시작할 수 있을 것 같다.

- 한*리

◆ 진심으로 넘사벽이다. 두리뭉실하게 좋은 이야기를 해주는 다른 강의와는 차원이 다르다. 시간과 정성을 어떻게 써야 하는지, 돈을 위해 무엇을 공부해야 하는지 구체적인 숫자로 알게 되었다.

- 임*리

◆ 인생을 바꿔놓은 강의! 감동에서 끝나는 것이 아니라, 지금 당장 무엇을 해야 하는지 알려주고, 실행까지 할 수 있게끔 강력한 모터를 달아준 강의다. 부자의 길로 들어설 수 있는 출발점과 도착점을 분명히 제시해준다.

- 박*아

◆ 그가 하는 모든 행위는 비용 그 이상의 값어치가 있다. 이제야 겨우 알 것 같다. 지금껏 기준보다 기법에 몰두했음을, 시간과 정성보다는 한탕을 꿈꿨음을!

- 김*조

◆ 내 인생의 터닝포인트가 된 날이었다. 그 어떤 좋은 강의도 아무것도 바뀌지 않으면 무의미하다는 사실을 깨달았다. 나를 변화시키는 가장 확실한 방법을 알 수 있어서 너무 좋다.

- 박*혜

◆ 15년 넘게 금융업에 몸담았지만, 결국 나는 부자의 문턱에도 가보지 못했다. 지식과 경험의 차이가 무엇인지, 내가 알고 있던 지식이 얼마나 무의미한지 허탈할 지경이다. 이제 나도 경험을 쌓아보고자 한다. 남의 지식을 넘어선 나의 경험을.

- 박*정

◆ 20년간 직장 생활을 하며 그저 남을 위해 돈을 벌고 남을 위해 돈을 쓰며 살았다. 세상 사람들이 다 그렇게 사는 줄 알았다. 최소한 이 강의를 듣기 전까지 말이다. 그동안 살면서 가졌던 돈에 대한 지식과 투자에 대한 생각이 송두리째 바뀌었다.

- 김*수

◆ 15년간 그와 함께 돈을 공부하며 나는 지금 부자가 되었다. 비록 주식이 본업은 아니지만, 그의 강의를 통해 돈의 속성을 알게 되니 주식이든 사업이든 결국 내가 어떤 위치에 서 있어야 하는지 확실한 기준을 갖게 된다.

- 임*선

"시나리오가 없는 돈은 길 잃은 아이와 마찬가지다."

계획이 있는 돈은 흔들리지 않는다

돈의 시나리오

초판 1쇄 발행 2021년 1월 13일
초판 13쇄 발행 2021년 2월 9일

지은이 김종봉, 제갈현열
펴낸이 김선식

경영총괄 김은영
기획편집 임소연 **디자인** 황정민 **크로스교정** 조세현 **책임마케터** 최혜령
콘텐츠사업4팀장 윤성훈 **콘텐츠사업4팀** 황정민, 김대한, 임소연, 박혜원
마케팅본부장 이주화 **마케팅1팀** 최혜령, 박지수
미디어홍보본부장 정명찬 **홍보팀** 안지혜, 박재연, 이소영, 김은지
뉴미디어팀 김선욱, 염아라, 허지호, 김혜원, 이수인, 배한진, 임유나, 석찬미
저작권팀 한승빈, 김재원
경영관리본부 허대우, 하미선, 박상민, 권송이, 김민아, 윤이경, 이소희, 이우철, 김재경, 최완규, 이지우
외주스태프 일러스트 김해

펴낸곳 다산북스 **출판등록** 2005년 12월 23일 제313-2005-00277호
주소 경기도 파주시 회동길 357 3층
전화 02-702-1724 **팩스** 02-703-2219 **이메일** dasanbooks@dasanbooks.com
홈페이지 www.dasanbooks.com **블로그** blog.naver.com/dasan_books
종이·출력·제본 갑우문화사

ISBN 979-11-306-3443-2(03320)

다산북스(DASANBOOKS)는 독자 여러분의 책에 관한 아이디어와 원고 투고를 기쁜 마음으로 기다리고 있습니다.
책 출간을 원하는 아이디어가 있으신 분은 다산북스 홈페이지 '원고투고'란으로 간단한 개요와 취지, 연락처 등을
보내주세요. 머뭇거리지 말고 문을 두드리세요.